Bohner
Ott
Deusch

Formelsammlung

für das berufliche Gymnasium Niedersachsen

Mathematik

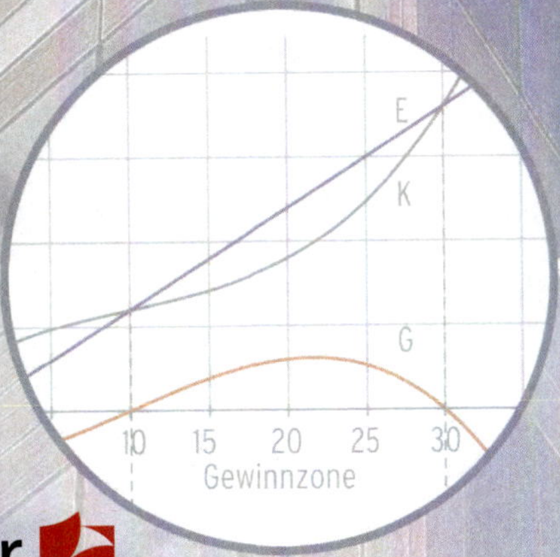

Merkur
Verlag Rinteln

Wirtschaftswissenschaftliche Bücherei für Schule und Praxis
Begründet von Handelsschul-Direktor Dipl.-Hdl. Friedrich Hutkap †

Die Verfasser:

Kurt Bohner

Lehrauftrag Mathematik am Beruflichen Schulzentrum Wangen (BSW)
Studium der Mathematik und Physik an der Universität Konstanz

Roland Ott

Studium der Mathematik an der Universität Tübingen

Ronald Deusch

Lehrauftrag Mathematik am BSZ Bietigheim-Bissingen
Studium der Mathematik an der Universität Tübingen

Umschlag: Kreis oben: Syda Productions - www.colourbox.de

* * * * * * * * * *

2. Auflage 2019

Gesamtherstellung:
MERKUR VERLAG RINTELN Hutkap GmbH & Co. KG, 31735 Rinteln

E-Mail: info@merkur-verlag.de
Internet: www.merkur-verlag.de

ISBN 978-3-8120-**1695-7**

Mengen

$x \in A$: x ist ein **Element** der Menge A

$x \notin A$: x ist kein Element der Menge A

$B \subseteq A$: B ist **Teilmenge** von A:

Jedes Element von B ist auch Element von A.

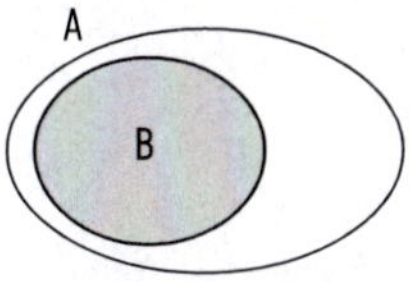

Mengenverknüpfungen

Vereinigungsmenge:

$A \cup B$ (A vereinigt B)

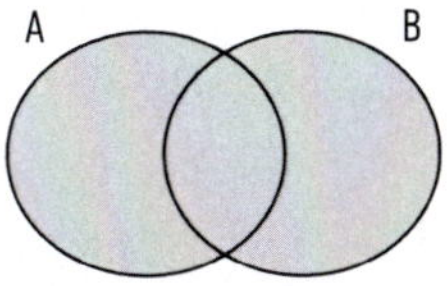

$A \cup B = \{x \mid x \in A \text{ oder } x \in B\}$

Schnittmenge:

$A \cap B$ (A geschnitten B)

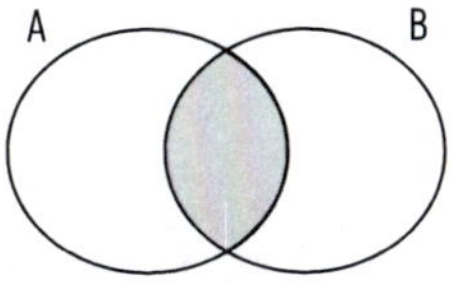

$A \cap B = \{x \mid x \in A \text{ und } x \in B\}$

Differenzmenge:

$A \setminus B$ (A ohne B)

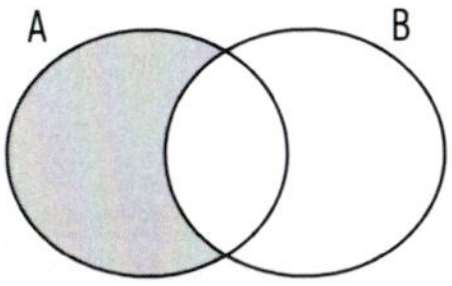

$A \setminus B = \{x \mid x \in A \text{ und } x \notin B\}$

Zahlenmengen / Intervalle

$\mathbb{N} = \{0; 1; 2; \ldots\}$ Menge der natürlichen Zahlen

$\mathbb{N}^* = \{1; 2; \ldots\}$ Menge der natürlichen Zahlen ohne Null; $\mathbb{N}^* = \mathbb{N} \setminus \{0\}$

* ohne Null

$\mathbb{Z} = \{\ldots; -1; 0; 1; 2; \ldots\}$ Menge der ganzen Zahlen

$\mathbb{Q} = \left\{\frac{p}{q}; p \in \mathbb{Z}; q \in \mathbb{N}^*\right\}$ Menge der rationalen Zahlen (Menge der Bruchzahlen)

$\mathbb{R}$ Menge der reellen Zahlen

$\mathbb{R} \setminus \{0\}$ Menge der reellen Zahlen ohne Null ($x \in \mathbb{R} \wedge x \neq 0$)

$\mathbb{R}_+ = \mathbb{R}_{\geq 0}$ Menge der nicht negativen reellen Zahlen ($x \in \mathbb{R} \wedge x \geq 0$)

$\mathbb{R}_- = \mathbb{R}_{\leq 0}$ Menge der nicht positiven reellen Zahlen ($x \in \mathbb{R} \wedge x \leq 0$)

$\mathbb{R}_-^* = \mathbb{R}_{<0}$ Menge der negativen reellen Zahlen ($x \in \mathbb{R} \wedge x < 0$)

$\mathbb{R} \setminus \mathbb{Q}$ Menge der irrationalen Zahlen: π; $\sqrt{2}$; e; ...

Intervalle als Teilmengen der reellen Zahlen $\mathbb{R}$

Geschlossenes Intervall: $[a; b] = \{x \in \mathbb{R} \mid a \leq x \leq b\}$

Offenes Intervall: $(a; b) = \{x \in \mathbb{R} \mid a < x < b\}$

Halboffenes Intervall: $[a; b) = \{x \in \mathbb{R} \mid a \leq x < b\}$

Rechnen mit Brüchen

Erweitern: $\frac{a}{b} = \frac{a \cdot c}{b \cdot c}$
Zähler a und Nenner b ($b \neq 0$) mit der gleichen Zahl $\neq 0$ multiplizieren

Kürzen: $\frac{a}{b} = \frac{a : c}{b : c}$
durch die gleiche Zahl $\neq 0$ dividieren.

Addition: Bei **gleichem** Nenner: $\frac{a}{b} + \frac{c}{b} = \frac{a + c}{b}$
Zähler addieren, Nenner beibehalten
Bei **verschiedenen** Nennern: $\frac{a}{b} + \frac{c}{d} = \frac{ad}{bd} + \frac{cb}{bd} = \frac{ad + cb}{bd}$
Zuerst die Brüche durch Erweitern auf den **gleichen Nenner** bringen.

Multiplikation: $\frac{a}{b} \cdot \frac{c}{d} = \frac{a \cdot c}{b \cdot d}$ $\quad \frac{a}{b} \cdot c = \frac{a \cdot c}{b}$
Zähler mit Zähler und Nenner mit Nenner multiplizieren.

Division: $\frac{\frac{a}{b}}{\frac{c}{d}} = \frac{a}{b} \cdot \frac{d}{c} = \frac{ad}{bc}$ $\quad \frac{\frac{a}{b}}{d} = \frac{\frac{a}{b}}{\frac{d}{1}} = \frac{a}{b} \cdot \frac{1}{d} = \frac{a}{bd}$
Multiplikation mit dem Kehrbruch

Kehrbruch: $\frac{a}{b}$ ist der Kehrbruch von $\frac{b}{a}$ für $a, b \neq 0$.

Terme und Termumformungen

Assoziativgesetz der Addition: $a + (b + c) = (a + b) + c$; der Multiplikation: $a \cdot (b \cdot c) = (a \cdot b) \cdot c$

Distributivgesetz: $a \cdot (b \pm c) = a \cdot b \pm a \cdot c$
$(a + b) \cdot (c + d) = a \cdot c + a \cdot d + b \cdot c + b \cdot d = a \cdot (c + d) + b \cdot (c + d)$

Binomische Formeln

$(a + b)^2 = a^2 + 2ab + b^2$ $\quad (a - b)^2 = a^2 - 2ab + b^2$ $\quad (a + b)(a - b) = a^2 - b^2$

Prozentrechnung

Prozentwert = Grundwert · Prozentsatz $\quad P = G \cdot p\,\%$

P Prozentwert; G Grundwert; Prozentsatz $p\,\% = \frac{p}{100}$

Zinsformel für Tageszinsen: $Z = \frac{K \cdot p \cdot t}{100 \cdot 360}$; Kapital K; Zinssatz $\frac{p}{100}$; Anzahl der Tage t

Zinseszinsformel: $K_n = K_0\left(1 + \frac{p}{100}\right)^n$
K_0: Anfangskapital; K_n: Kapital nach n Jahren

Promille: $1\,‰ = \frac{1}{1000}$

Potenzen und Logarithmen

Potenz $a^n = a \cdot a \cdot a \cdot \ldots \cdot a$ **(n Faktoren a; $n \in \mathbb{N}^*$)** $a^1 = a$

a: Basis (Grundzahl) **n: Exponent (Hochzahl)**

Dabei gilt **für $a \neq 0$:** $a^0 = 1$ $a^{-1} = \frac{1}{a}$ $a^{-2} = \frac{1}{a^2}$ $a^{-n} = \frac{1}{a^n}$

Wurzeln (a, b > 0)

Quadratwurzel:

$\sqrt[2]{a} = b \Rightarrow a = b^2$

$\sqrt{a \cdot b} = \sqrt{a} \cdot \sqrt{b}$

$\sqrt{\frac{a}{b}} = \frac{\sqrt{a}}{\sqrt{b}}$

$\sqrt{a^2 b} = a\sqrt{b}$

Schreibweise
$\sqrt[2]{a} = \sqrt{a}$
$\sqrt{a} = a^{\frac{1}{2}}$

Bemerkung: $\sqrt{a^2 + b^2} \neq a + b$

Kubikwurzel: $\sqrt[3]{a} = b \Rightarrow b^3 = a$

n-te Wurzel: $\sqrt[n]{a} = b \Rightarrow b^n = a$

$a^{\frac{m}{n}} = \sqrt[n]{a^m}$ mit $n \in \mathbb{N}^*$; $m \in \mathbb{Z}$

Schreibweise
$a^{\frac{1}{3}} = \sqrt[3]{a}$
$a^{\frac{1}{n}} = \sqrt[n]{a}$

Potenzgesetze (a, b > 0):

Gleiche Basis $a^n \cdot a^m = a^{n+m}$ $\frac{a^n}{a^m} = a^{n-m}$

Gleiche Hochzahl: $a^n \cdot b^n = (a \cdot b)^n$ $\frac{a^n}{b^n} = (\frac{a}{b})^n$

Potenzieren: $(a^n)^m = a^{n \cdot m}$

Potenzsätze für Wurzeln: $\sqrt[n]{a} \cdot \sqrt[n]{b} = \sqrt[n]{ab}$ $\frac{\sqrt[n]{a}}{\sqrt[n]{b}} = \sqrt[n]{\frac{a}{b}}$

$(\sqrt[n]{a})^m = \sqrt[n]{a^m} = a^{\frac{m}{n}}$ $\sqrt[n]{a^n} = (\sqrt[n]{a})^n = a$

Potenzsätze für e-Potenzen: $e^x \cdot e^y = e^{x+y}$ $\frac{e^x}{e^y} = e^{x-y}$ $(e^x)^k = e^{kx}$

Logarithmus zur **Basis $a > 0$; $a \neq 1$; $b > 0$:** $a^x = b \Leftrightarrow x = \log_a(b)$

zur **Basis e:** $e^x = b \Leftrightarrow x = \ln(b)$

Logarithmengesetze:

Für $a, u, v > 0$; $a \neq 1$ gilt:

$\log_a(u \cdot v) = \log_a(u) + \log_a(v)$

$\log_a(\frac{u}{v}) = \log_a(u) - \log_a(v)$

$\log_a(u^k) = k \cdot \log_a(u)$

$\ln(u \cdot v) = \ln(u) + \ln(v)$
$\ln(\frac{u}{v}) = \ln(u) - \ln(v)$
$\ln(u^k) = k \cdot \ln(u)$

Sonderfall: $\log_a(\frac{1}{u}) = -\log_a(u)$

Bemerkung: $\log_a(u + v) \neq \log_a(u) + \log_a(v)$ (im Allg.)

Berechnung von beliebigen Logarithmen: $\log_a(b) = \frac{\ln(b)}{\ln(a)}$

Funktion

f: $x \rightarrow f(x)$ mit $x \in D(f)$

Funktionsterm f(x)

Definitionsmenge D(f): Menge aller zugelassenen x-Werte

Wertemenge $W(f) = \{y \mid y = f(x);\ x \in D(f)\}$

Graph einer Funktion f:

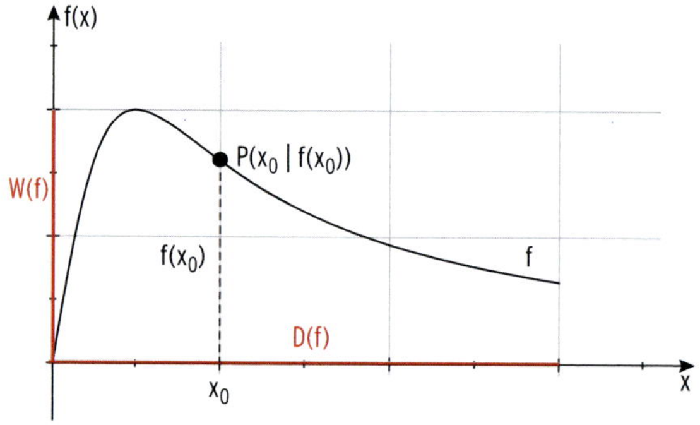

Ein **Punkt** $P(x_0 \mid f(x_0))$ auf dem Graphen von f hat die x-Koordinate (**Abszisse**) x_0 und die y-Koordinate **(Ordinate)** $y = f(x_0)$.

$f(x_0)$ ist der **Funktionswert** an der Stelle x_0.

Das rechtwinklige **Koordinatensystem** teilt die Ebene in vier Quadranten (Felder). **(x-Achse** bzw. **Abszissenachse, y-Achse** bzw. **Ordinatenachse)**

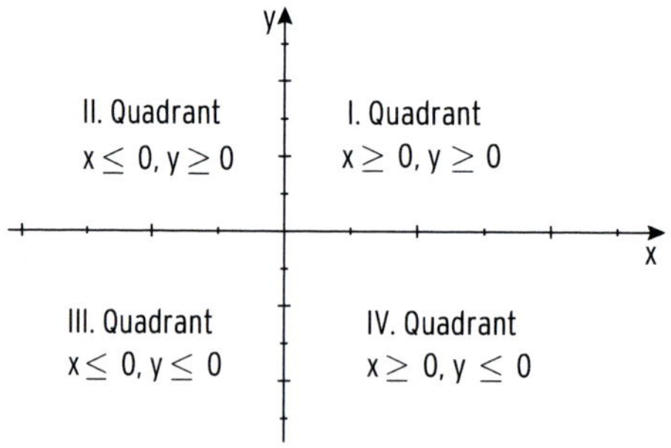

Ganzrationale Funktion (Polynomfunktion)

Lineare Funktion – Gerade

Ganzrationale Funktion f 1. Grades (lineare Funktion)

mit $f(x) = mx + b;\ x \in \mathbb{R}$

1. Winkelhalbierende: $y = x$

2. Winkelhalbierende: $y = -x$

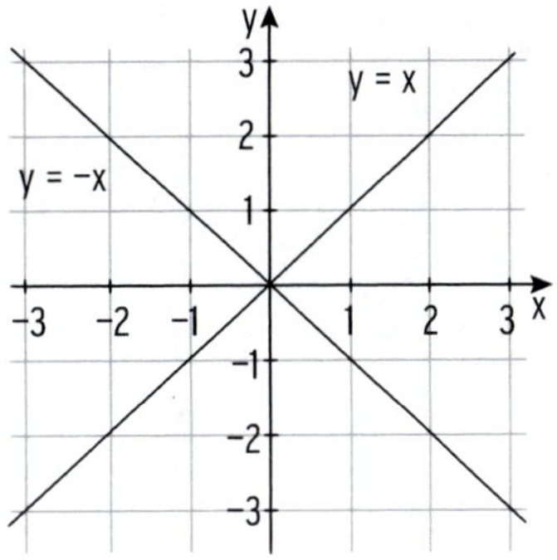

Hauptform: $y = mx + b$

Steigung: $m = \frac{\Delta y}{\Delta x} = \frac{y_2 - y_1}{x_2 - x_1}$

$m = \frac{f(x_2) - f(x_1)}{x_2 - x_1}$

Punkt-Steigungs-Form: $y = m(x - x_1) + y_1$

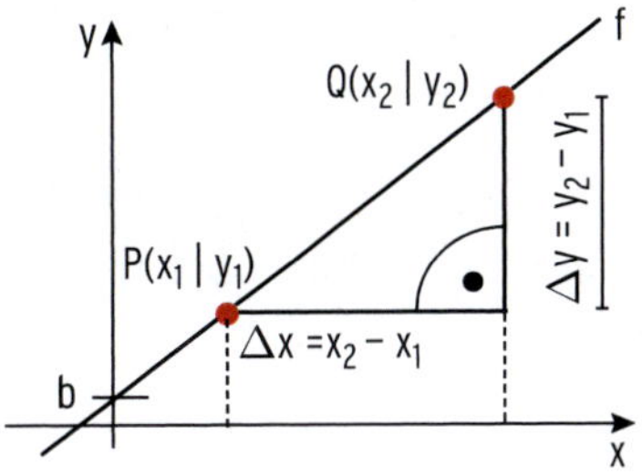

Parallele zur Abszissenachse: $y = c$

(Steigung Null)

Parallele zur Ordinatenachse: $x = a$

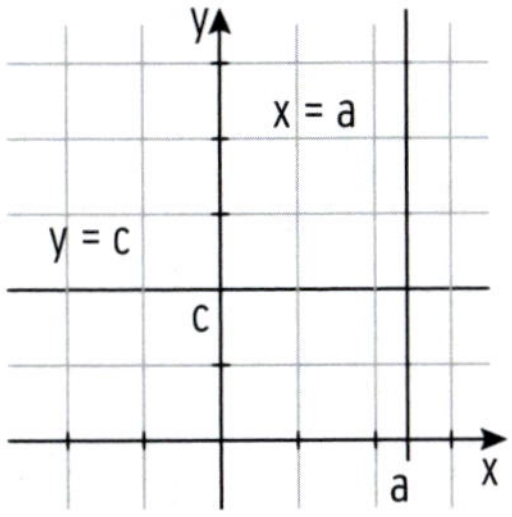

Ordinatenachsenabschnitt: $b = f(0)$

Schnittpunkt mit der Ordinatenachse: $S_y(0 \mid b)$

Schnittstelle mit der Abszissenachse

Bedingung: $f(x) = 0$ $mx + b = 0$

$x = -\frac{b}{m};\ m \neq 0$

Schnittpunkt mit der Abszissenachse: $S_x(-\frac{b}{m} \mid 0)$

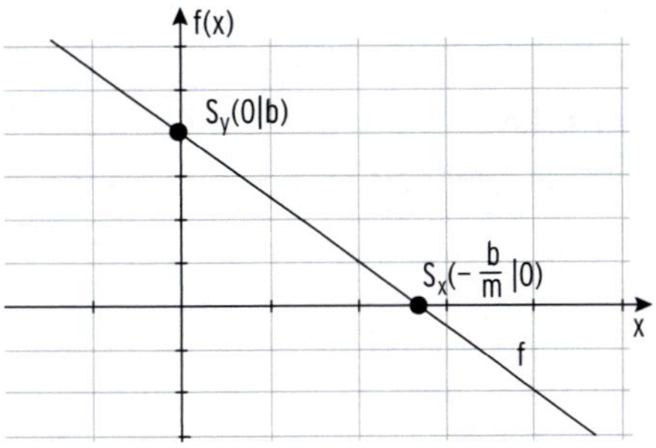

Die Geraden mit den **Steigungen m_1** und **m_2**

- sind **parallel** zueinander: $m_1 = m_2$
- stehen aufeinander **senkrecht** (orthogonal zueinander):

  $m_1 \cdot m_2 = -1 \Leftrightarrow m_2 = -\frac{1}{m_1}; m_1 \neq 0$

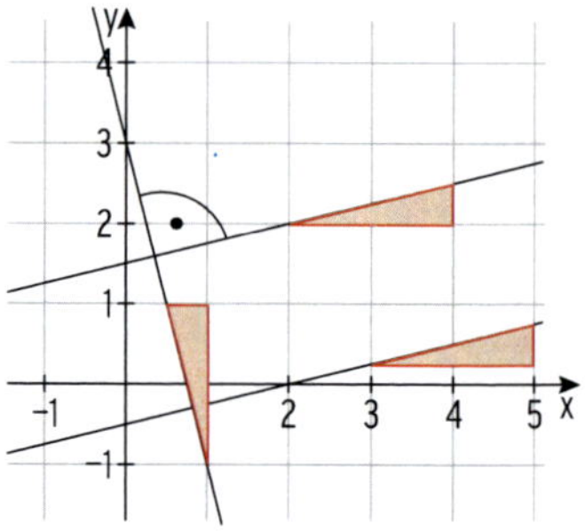

Verfahren zur Lösung von linearen Gleichungssystemen für zwei Unbekannte

Gleichsetzungsverfahren | **Einsetzungsverfahren** | **Additionsverfahren**

Quadratische Funktion – Parabel

Ganzrationale Funktion f 2. Grades

mit $f(x) = ax^2 + bx + c; a \neq 0; x \in \mathbb{R}$

(quadratische Funktion)

Normalparabel: $y = x^2$

mit Scheitel S(0 | 0)

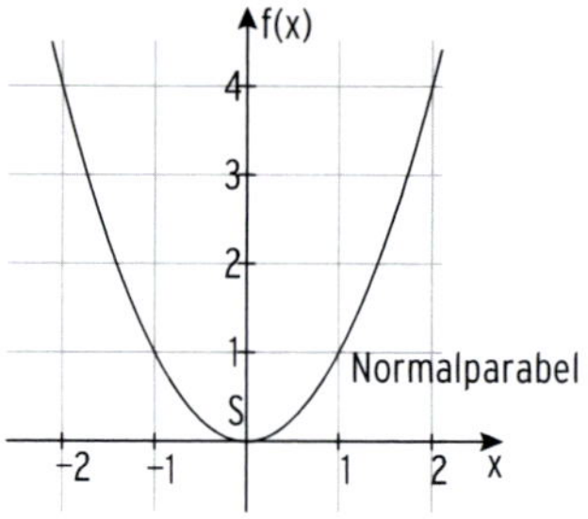

Funktionsterm f(x) in

Hauptform: $f(x) = ax^2 + bx + c$

(Normalform)

Scheitelform: $f(x) = a(x - x_S)^2 + y_S$

$S(x_S|y_S)$ Scheitelpunkt

Produktform: $f(x) = a(x - x_1)(x - x_2)$

x_1, x_2 sind die Nullstellen von f.

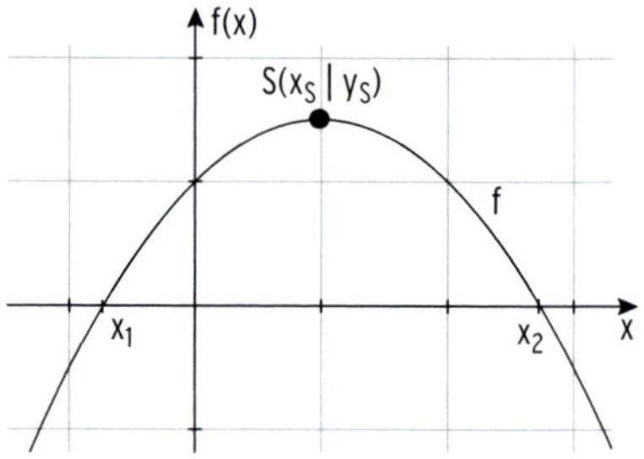

Symmetrie

zur Ordinatenachse: $f(x) = ax^2 + c$

mit Scheitel S(0 | c)

Bedingung: $f(x) = f(-x)$

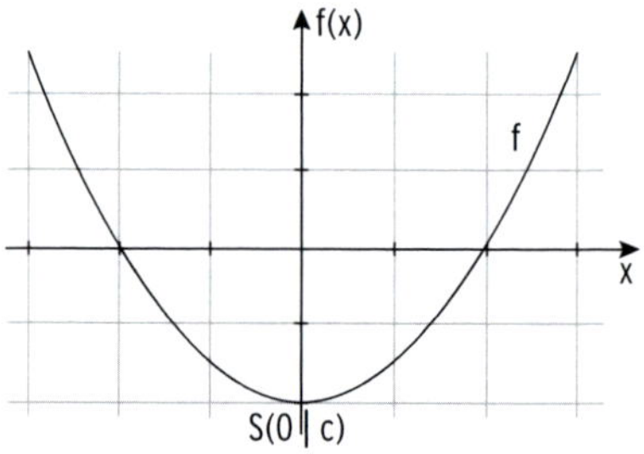

Schaubilder von quadratischen Funktionen

Grundfunktion f mit $f(x) = x^2$; $x \in \mathbb{R}$

Graph von f: Normalparabel

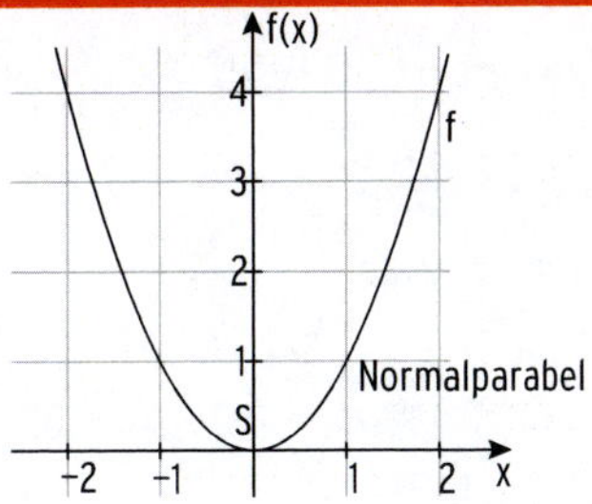

Parametervariationen:

- f mit $f(x) = a \cdot x^2$; $a \neq 0$
  Für a > 0: Streckung in Ordinatenrichtung
  Für a < 0: Streckung in Ordinatenrichtung mit Faktor |a| und Spiegelung an der Abszissenachse

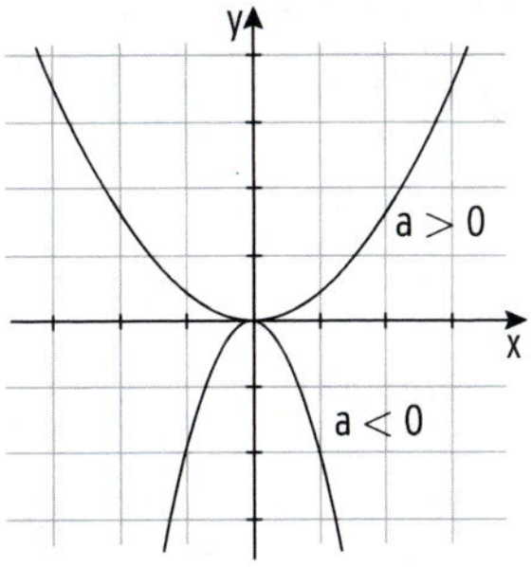

- f mit $f(x) = x^2 + c$
  Verschiebung in **Ordinatenrichtung** um c

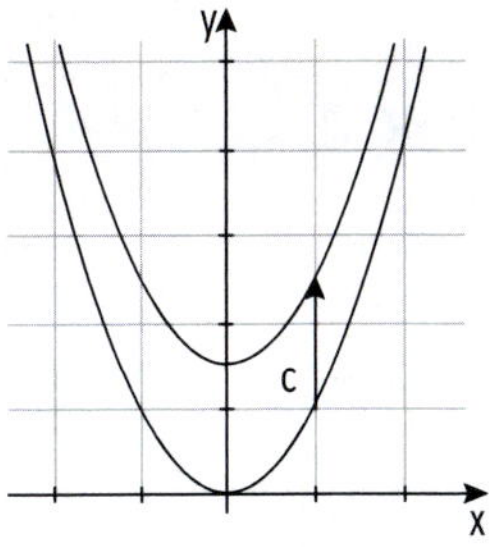

- f mit $f(x) = (x - b)^2$
  Verschiebung in Abszissenrichtung um b

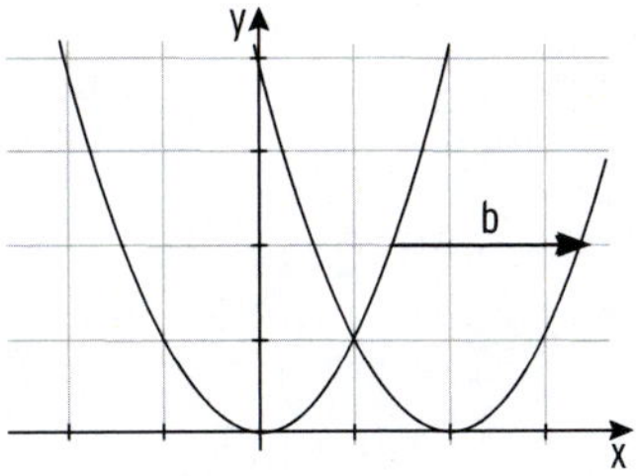

f mit $f(x) = a \cdot (x - b)^2 + c$

Streckung in Ordinatenrichtung mit Faktor |a| → a

Verschiebung in Abszissenrichtung um b → b

Verschiebung in Ordinatenrichtung um c → c

Hinweis: Betrag einer Zahl a

$$|a| = \begin{cases} a & \text{für } a \geq 0 \\ -a & \text{für } a < 0 \end{cases}$$

Quadratische Gleichung

Quadratische Gleichung der Form: $x^2 + px + q = 0$

pq-Lösungsformel: $x_{1|2} = -\frac{p}{2} \pm \sqrt{(\frac{p}{2})^2 - q}$

mit **Diskriminante** $D = (\frac{p}{2})^2 - q$

Quadratische Gleichung der Form: $ax^2 + bx + c = 0 \; (a \neq 0)$

abc-Lösungsformel: $x_{1|2} = \frac{-b \pm \sqrt{b^2 - 4ac}}{2a}$

mit **Diskriminante** $D = b^2 - 4ac$

Die Anzahl der Lösungen hängt von der Diskriminante D ab.

$D > 0$	$D = 0$	$D < 0$
zwei Lösungen	**eine (doppelte) Lösung**	**keine Lösung**
$x_1 \neq x_2$	$x_1 = x_2$	

Produktform: $a(x - x_1)(x - x_2) = 0$

Lösungen $x = x_1 \vee x = x_2$

Satz vom Nullprodukt: Ein **Produkt ist null**, wenn **mindestens ein Faktor null** ist:

$$u \cdot v = 0 \Leftrightarrow u = 0 \vee v = 0$$ („$\vee$" bedeutet „oder")

Grafische Interpretation einer quadratischen Gleichung $ax^2 + bx + c = 0$

bzw. $x^2 + px + q = 0$

Die Gleichung hat

zwei Lösungen	**eine (doppelte) Lösung**	**keine Lösung**
$x_1 ; x_2$	$x_{1|2}$	

Die Funktion f mit $f(x) = ax^2 + bx + c$ bzw. $f(x) = x^2 + px + q$ hat

zwei Nullstellen **eine (doppelte) Nullstelle** **keine Nullstelle**

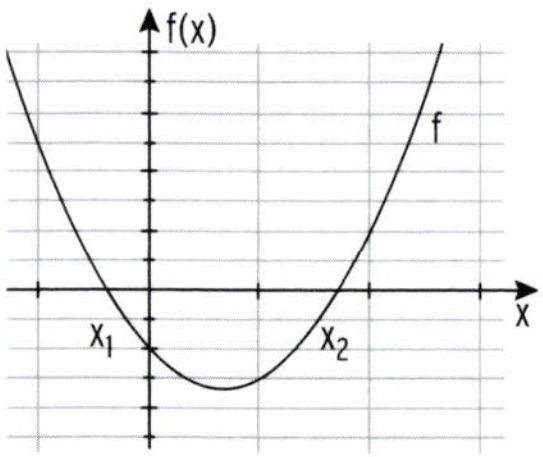

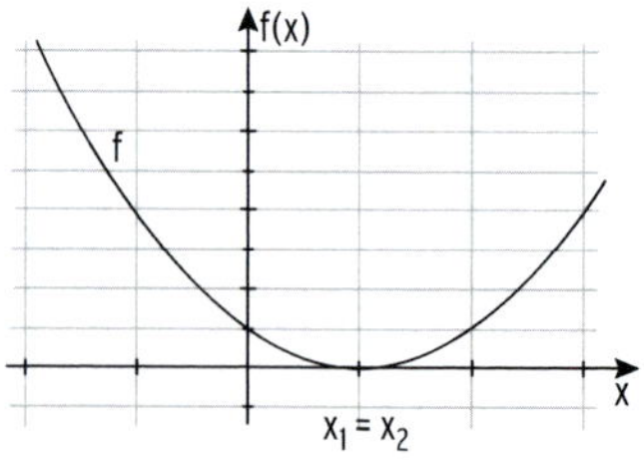

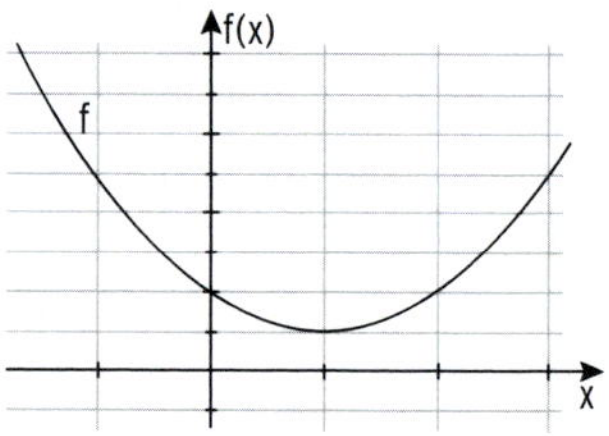

Bed. für die Nullstellen: $f(x) = 0$

Potenzfunktion

Potenzfunktion f mit $f(x) = x^q$; $q \in \mathbb{Z}^*$

- Für $q \in \mathbb{N}$; $q > 1$; $x \in \mathbb{R}$
  Der Graph von f ist eine **Parabel** n-ter Ordnung.

  q gerade:
  Der Graph von f ist symmetrisch zur Ordinatenachse.

Abb. 1

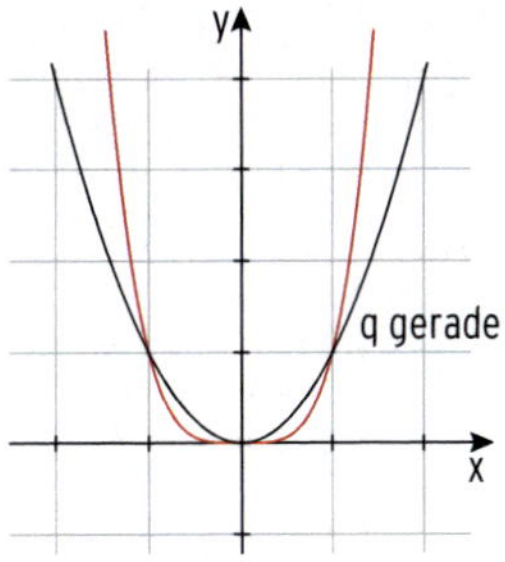

  q ungerade:
  Der Graph von f ist symmetrisch zum Ursprung.

Abb. 2

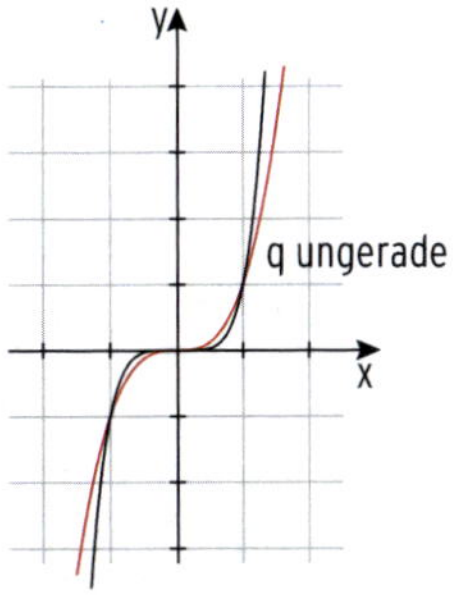

- Für $q \in \mathbb{Z}$; $q < 0$; $x \neq 0$
  Der Graph von f ist eine Hyperbel.

  q gerade:
  Der Graph von f ist symmetrisch zur Ordinatenachse.

  q ungerade:
  Der Graph von f ist symmetrisch zum Ursprung.

Abb. 3

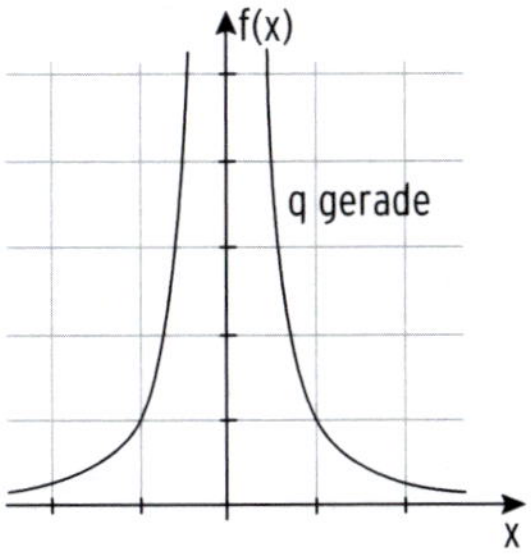

Abb. 4

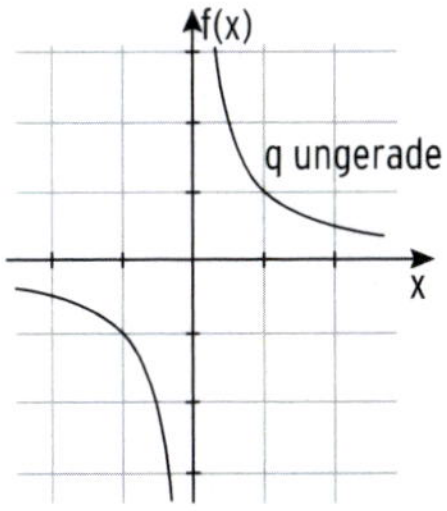

- **Wurzelfunktion**

  Quadratwurzelfunktion f mit
  $f(x) = x^{\frac{1}{2}} = \sqrt{x}$; $x \geq 0$

  allgemeine Wurzelfunktion f mit
  $f(x) = x^{\frac{1}{n}} = \sqrt[n]{x}$;
  $n \in \mathbb{N}$; $n > 1$; $x \geq 0$

Abb. 5

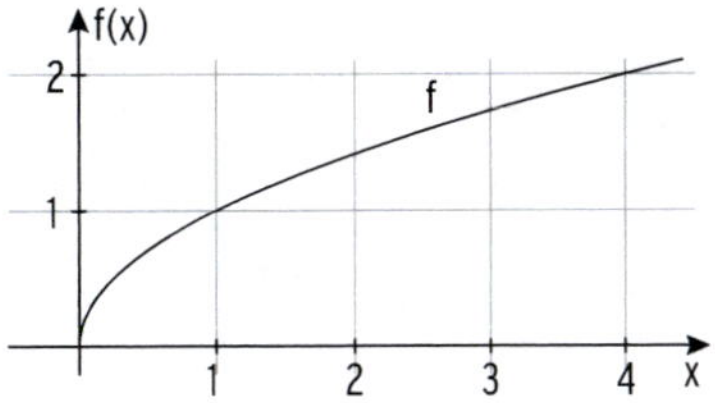

Ganzrationale Funktion höheren Grades

Ganzrationale Funktionen (Polynomfunktionen)

3. Grades (kubische Funktion): f mit $f(x) = ax^3 + bx^2 + cx + d;\ a \neq 0$

4. Grades: f mit $f(x) = ax^4 + bx^3 + cx^2 + dx + e;\ a \neq 0$

n-ten Grades: f mit $f(x) = a_n x^n + a_{n-1} x^{n-1} + a_{n-2} x^{n-2} + \ldots + a_1 x + a_0;\ a_n \neq 0;\ x \in \mathbb{R}$

3. Grades: f hat höchstens drei Nullstellen

Verlauf vom III. in den I. Quadranten

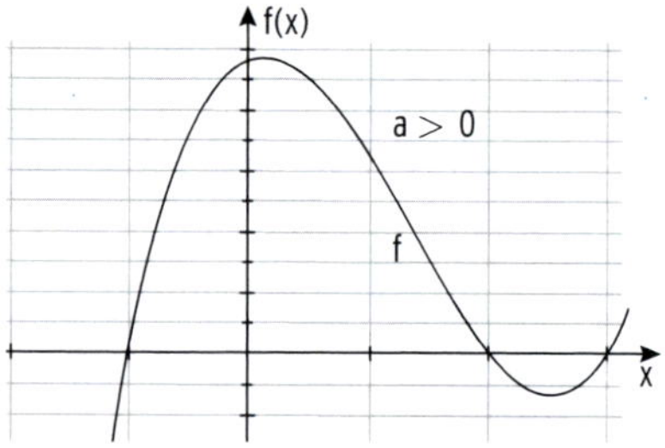

vom II. in den IV. Quadranten

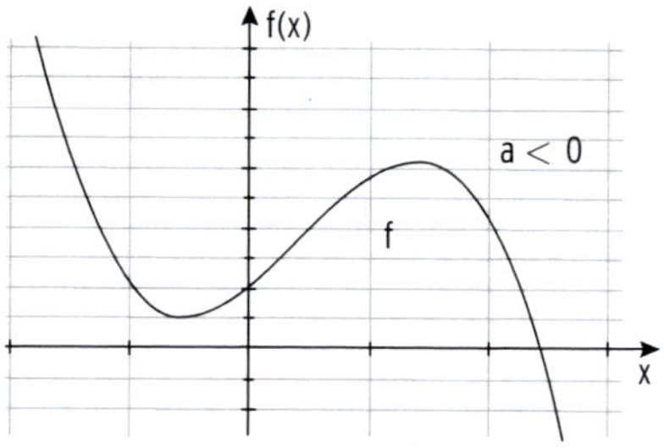

4. Grades: f hat höchstens vier Nullstellen

Verlauf vom II. in den I. Quadranten

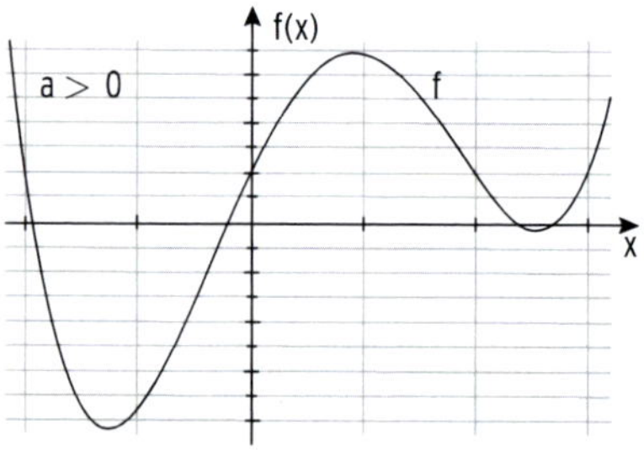

vom III. in den IV. Quadranten

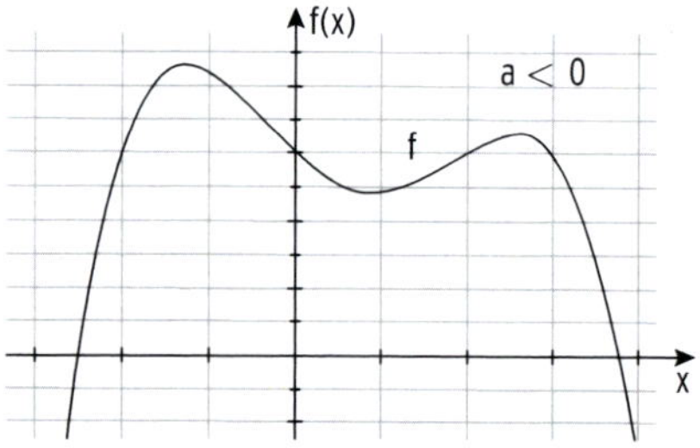

Symmetrie zum Ursprung O:

Bedingung: $f(-x) = -f(x)$

Graph einer ganzrationalen Funktion

- 3. Grades mit $f(x) = ax^3 + cx$
  nur ungerade Hochzahlen

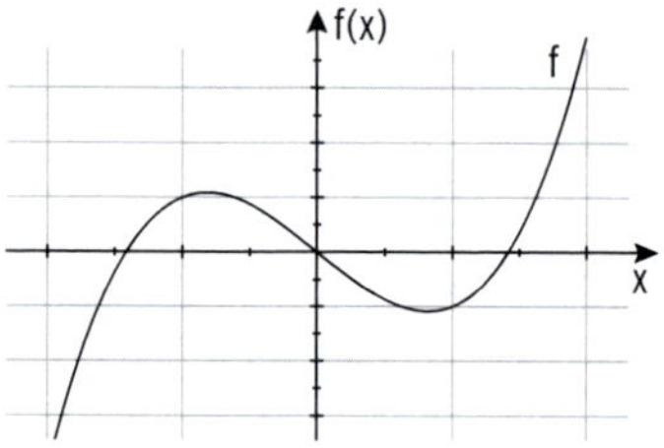

Symmetrie zur Ordinatenachse:

Bedingung: $f(-x) = f(x)$

- 4. Grades mit $f(x) = ax^4 + cx^2 + e$
  nur gerade Hochzahlen

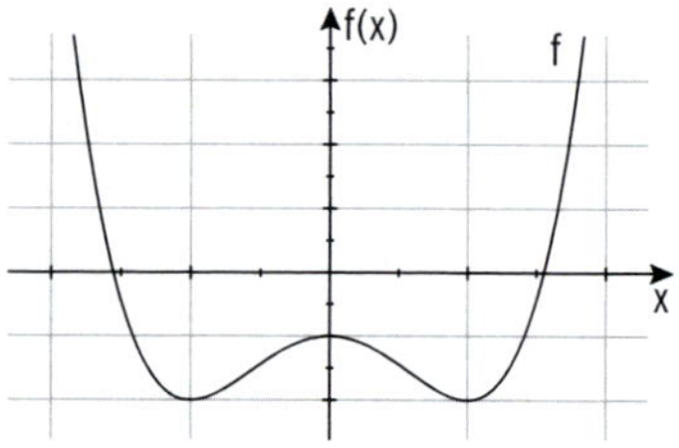

Regression – Funktionsanpassung

Der GTR/das CAS passt gegebenen Punkten eine Kurve an.

Lineare Regression: $y = ax + b$

Quadratische Regression: $y = ax^2 + bx + c$

Kubische Regression: $y = ax^3 + bx^2 + cx + d$

Regression für **4. Grades:** $y = ax^4 + bx^3 + cx^2 + dx + e$

Polynomgleichung

Polynomgleichung: $a_n x^n + a_{n-1} x^{n-1} + a_{n-2} x^{n-2} + ... + a_1 x + a_0 = 0$

Gleichungstyp		
lineare Gleichung ($a \neq 0$)	$ax + b = 0$	
quadratische Gleichung ($a \neq 0$)	$ax^2 + bx + c = 0$; $a \neq 0$ • **abc-Formel** $x_{1\|2} = \frac{-b \pm \sqrt{b^2 - 4ac}}{2a}$	$x^2 + px + q = 0$ • **pq-Formel** $x_{1\|2} = -\frac{p}{2} \pm \sqrt{(\frac{p}{2})^2 - q}$
Gleichung 3. Grades ($a \neq 0$)	$ax^3 + bx^2 + cx + d = 0$	
Gleichung 4. Grades ($a \neq 0$)	$ax^4 + bx^3 + cx^2 + dx + e = 0$	
Biquadratische Gleichung ($a \neq 0$)	$ax^4 + cx^2 + e = 0$	

Polynomzerlegungssatz

Ist $P_n(x)$ ein Polynom vom Grad n und x_1 eine Lösung der Gleichung $P_n(x) = 0$, dann gibt es ein Polynom P_{n-1} vom Grad $(n-1)$, so dass gilt: $P_n(x) = (x - x_1) \cdot P_{n-1}(x)$.

$(x - x_1)$ heißt **Linearfaktor.**

Nullstellen und deren Vielfachheit

Bedingung für eine **Nullstelle einer Funktion f: f(x) = 0**

Eine Nullstelle x_1 ist eine Lösung der Gleichung f(x) = 0.

Schnittpunkt mit der Abszissenachse: $N(x_1 \mid 0)$

Vielfachheit der Nullstellen von f:

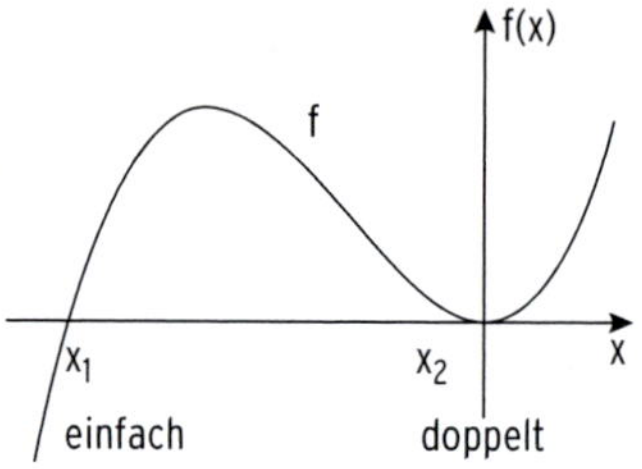

- In x_1 wechselt f(x) das Vorzeichen (VZW).
  x_1 ist eine einfache Nullstelle von f.

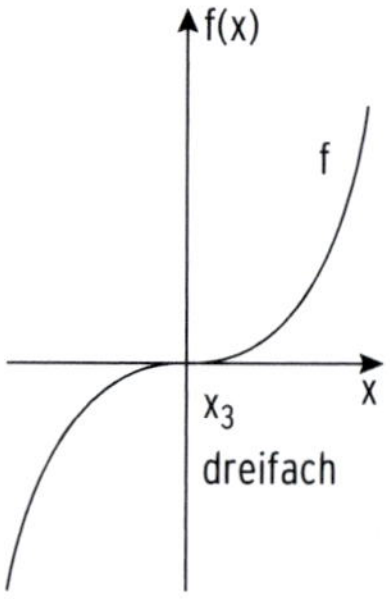

- In x_2 wechselt f(x) das Vorzeichen nicht
  x_2 ist eine **doppelte** Nullstelle.
- In x_3 wechselt f(x) das Vorzeichen (VZW).
  x_3 ist eine **dreifache** Nullstelle von f.

Abbildungen

Der Graph der Funktion g entsteht aus dem Graphen der Funktion f durch

Verschiebung in Ordinatenrichtung um d: $g(x) = f(x) + d$
für $d < 0$ nach unten; für $d > 0$ nach oben
in Abszissenrichtung um c: $g(x) = f(x - c)$
für $c < 0$ nach links; für $c > 0$ nach rechts

Streckung in Ordinatenrichtung **mit dem Faktor a** ($a > 0$): $g(x) = a \cdot f(x)$
Für $0 < a < 1$ spricht man auch von einer **Stauchung**.
in Abszissenrichtung **mit dem Faktor $\frac{1}{b}$**: $g(x) = f(b \cdot x)$

Spiegelung an der Abszissenachse: $g(x) = -f(x)$
an der Ordinatenachse: $g(x) = f(-x)$

Exponentialfunktion zur Basis b

Schaubilder von Exponentialfunktionen

Grundfunktion zur Basis b:

f mit $f(x) = b^x$; $b > 0 \wedge b \neq 1$; $x \in \mathbb{R}$

Waagrechte Asymptote: $y = 0$

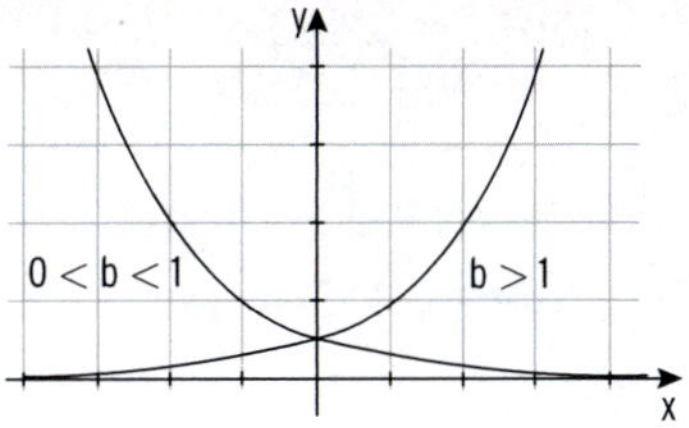

Parametervariationen:

- f mit $f(x) = a \cdot b^x$; $a \neq 0$

  Für $a > 0$: Streckung in Ordinatenrichtung

  Für $a < 0$: Streckung in Ordinatenrichtung mit Faktor $|a|$ und Spiegelung an der Abszissenachse

  Waagrechte Asymptote: $y = 0$

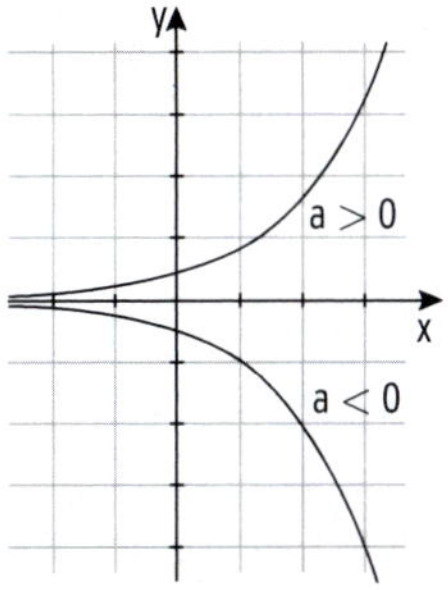

- f mit $f(x) = b^x + d$

  Verschiebung in **Ordinatenrichtung** um d

  Waagrechte Asymptote: $y = d$

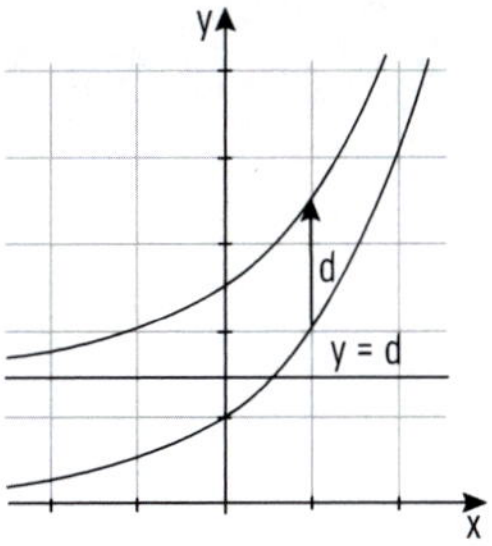

- f mit $f(x) = b^{x-c}$

  Verschiebung in Abszissenrichtung um c

  Waagrechte Asymptote: $y = 0$

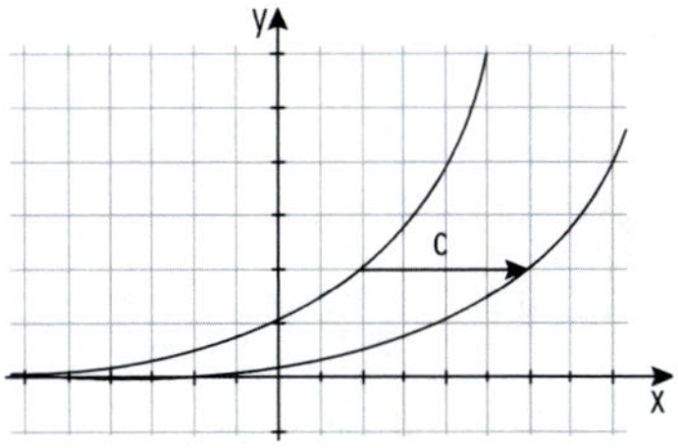

f mit $f(x) = a \cdot b^{x-c} + d$

Streckung in Ordinatenrichtung mit Faktor $a > 0$ (→ a)

Verschiebung in Abszissenrichtung um c (→ c)

Verschiebung in Ordinatenrichtung um d (→ d)

Waagrechte Asymptote: $y = d$

Exponentialfunktion zur Basis e

Schaubilder von Exponentialfunktionen

Grundfunktion zur Basis e:

f mit $f(x) = e^x$; $x \in \mathbb{R}$

Waagrechte Asymptote: $y = 0$

Spiegelung an der Ordinatenachse: $g(x) = e^{-x}$

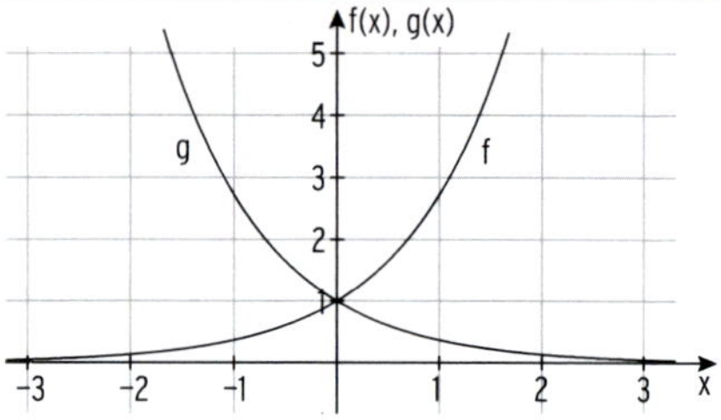

f mit $f(x) = ae^{kx} + c$; $a, k \neq 0$

Waagrechte Asymptote: $y = c$

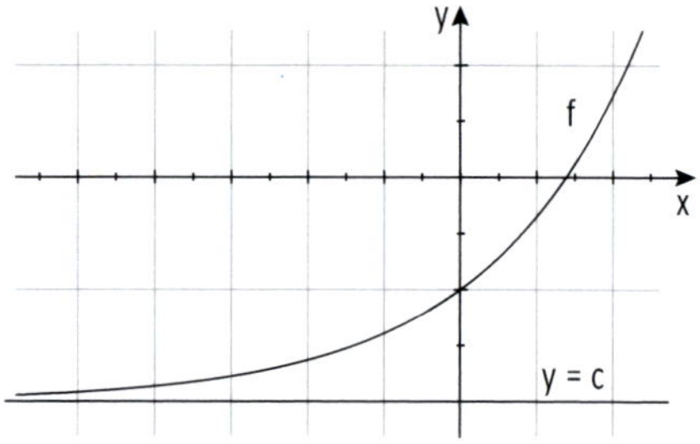

f mit $f(x) = ae^{kx} + mx + c$; $a, m, k \neq 0$

Schiefe Asymptote: $y = mx + c$

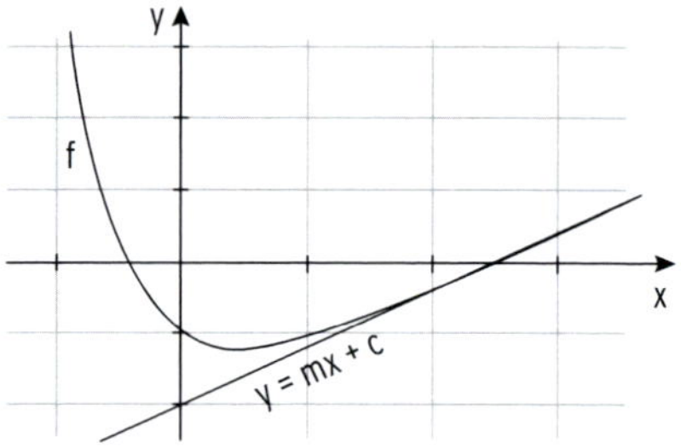

f mit $f(x) = (x - a)e^{kx}$; $a, k \in \mathbb{R}$; $k \neq 0$

Waagrechte Asymptote: $y = 0$

Asymptote für $x \to -\infty$ falls $k > 0$

bzw. für $x \to \infty$ falls $k < 0$

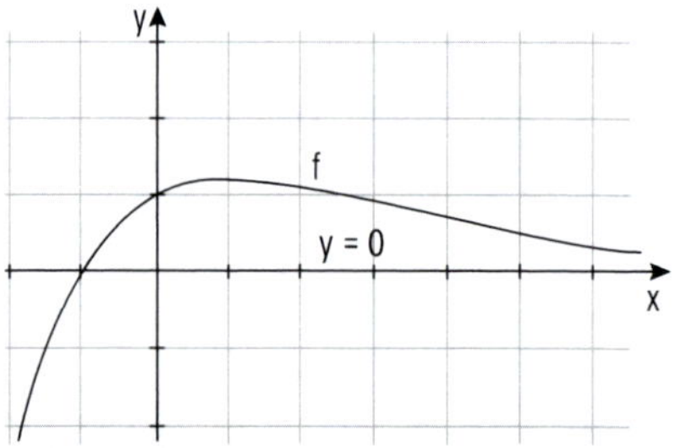

Umrechnungen:

$e^{\ln(x)} = x$

$\ln(e^x) = x$

$b^x = e^{\ln(b) \cdot x}$

Exponentielle Regression: $y = ae^{bx}$ oder $y = ab^x$

Wachstum

- **Exponentielles Wachstum**

$f(t) = a \cdot b^t$ bzw. $f(t) = a \cdot e^{k \cdot t}$; $t \geq 0$

Wachstumsfaktor: $b > 1$

Zerfallsfaktor: $0 < b < 1$

Wachstumskonstante: $k > 0$

Zerfallskonstante: $k < 0$

Anfangsbestand: $a = f(0)$

Wachstum

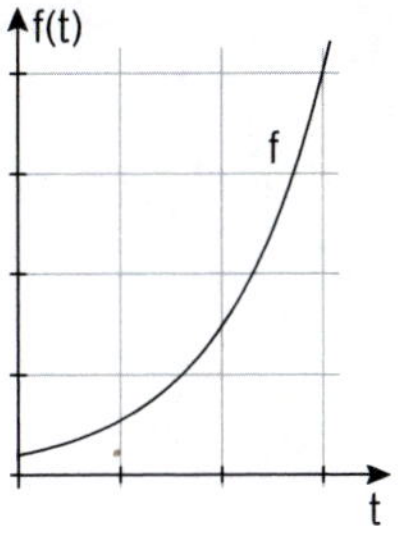

Zerfall

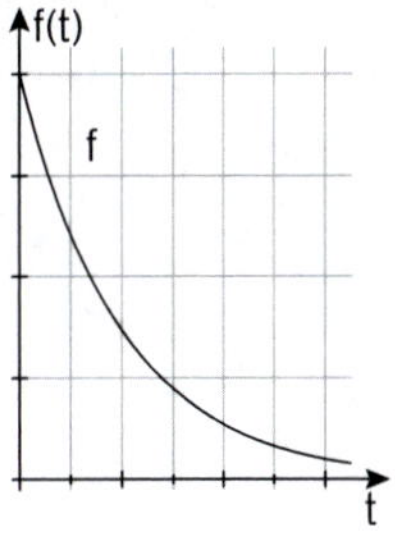

Differenzialgleichung: $f'(t) = k \cdot f(t)$

Halbwertszeit t_H (für $k < 0$): $t_H = -\frac{\ln(2)}{k}$

Verdoppelungszeit t_V (für $k > 0$): $t_V = \frac{\ln(2)}{k}$

t_H und t_V sind unabhängig vom Anfangsbestand f(0).

- **Beschränktes Wachstum**

$f(t) = g - ae^{k \cdot t}$; $a > 0$, $k < 0$, $t \geq 0$

g: Sättigungsgrenze

$f(0) = g - a$: Anfangsbestand

Beschränkter Zerfall

$f(t) = g + ae^{k \cdot t}$; $a > 0$, $k < 0$, $t \geq 0$

g: Sättigungsgrenze

$f(0) = g + a$: Anfangsbestand

Differenzialgleichung: $f'(t) = k \cdot (g - f(t))$

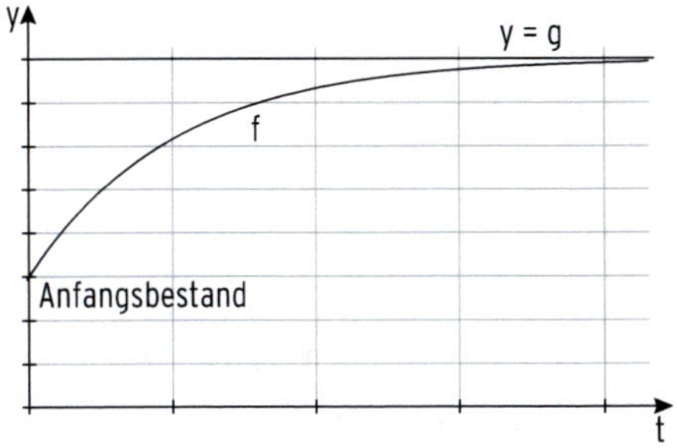

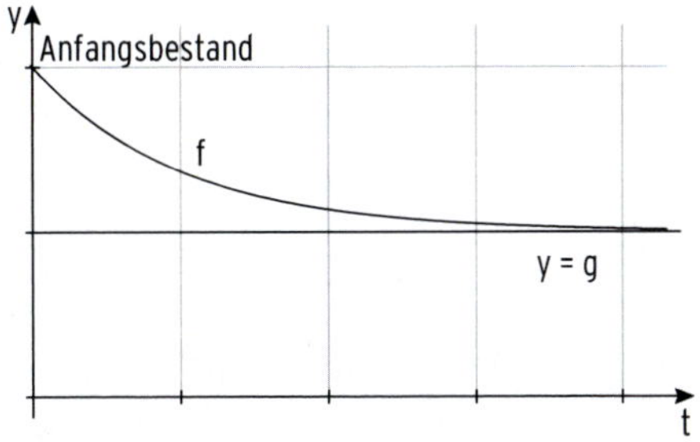

- **Logistisches Wachstum**

$f(t) = \frac{g}{1 + a \cdot e^{-b \cdot t}}$ mit $a = \frac{g}{f(0)} - 1$; $b = k \cdot g$

g: Sättigungsgrenze;

k: Wachstumskonstante

Differenzialgleichung:

$f'(t) = k \cdot f(t) \cdot (g - f(t))$

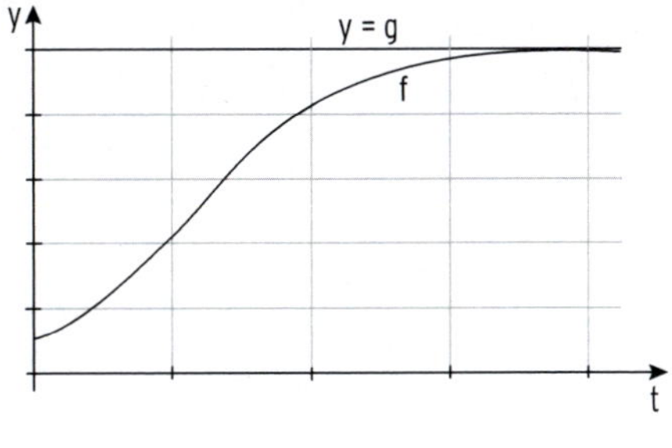

Logarithmusfunktion

Logarithmusfunktion zur Basis e:

f mit $f(x) = \ln(x);\ x \in \mathbb{R};\ x > 0$

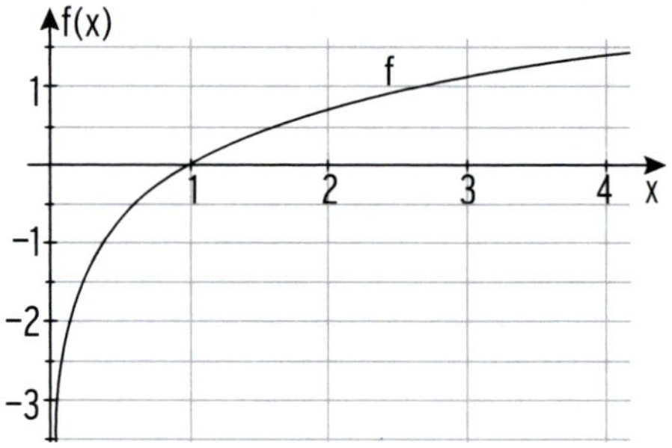

Definitionsmenge:	$x \in \mathbb{R},\ x > 0$
Wertemenge:	$W(f) = \mathbb{R}$
Asymptote:	$x = 0$ (Ordinatenachse)
Schnittpunkt mit Abszissenachse:	$P(1 \mid 0)$
Monotonie:	f ist streng monoton wachsend.

Betragsfunktion

Betragsfunktion f mit

$f(x) = |x|;\ x \in \mathbb{R}$

$$f(x) = \begin{cases} x & \text{für } x \geq 0 \\ -x & \text{für } x < 0 \end{cases}$$

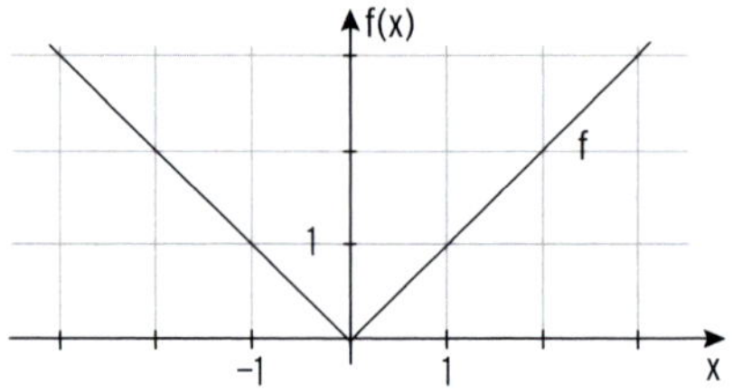

Trigonometrische Funktion

Definition der Winkelfunktionen

$$\sin(\alpha) = \frac{\text{Gegenkathete von } \alpha}{\text{Hypotenuse}}$$

$$\cos(\alpha) = \frac{\text{Ankathete von } \alpha}{\text{Hypotenuse}}$$

$$\tan(\alpha) = \frac{\text{Gegenkathete von } \alpha}{\text{Ankathete von } \alpha}$$

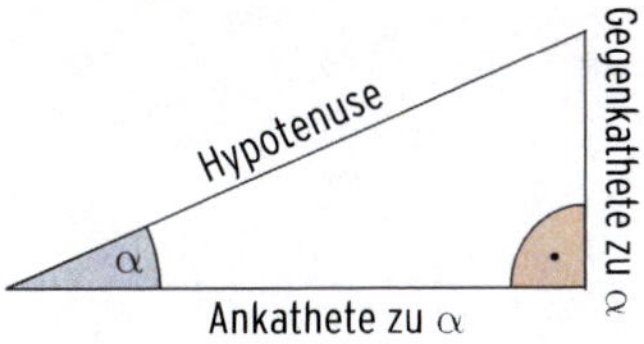

Für $0° \leq \alpha \leq 90°$ gilt:

$0 \leq \sin(\alpha) \leq 1$

$0 \leq \cos(\alpha) \leq 1$

Festlegung: $\sin(0°) = 0$; $\sin(90°) = 1$

$\cos(0°) = 1$; $\cos(90°) = 0$

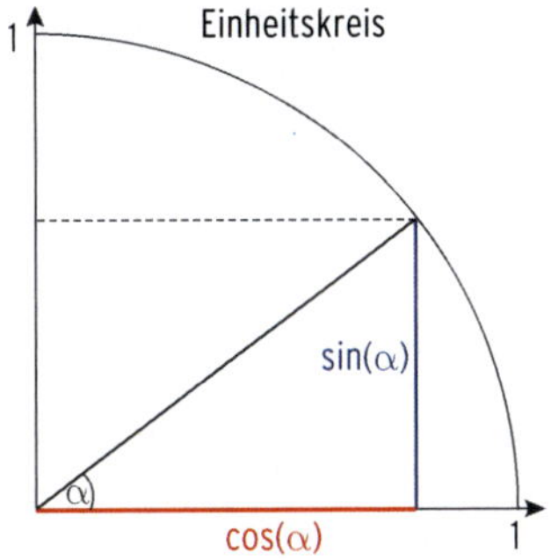

Vorzeichen von Sinuswerten und Kosinuswerten in den **4 Quadranten:**

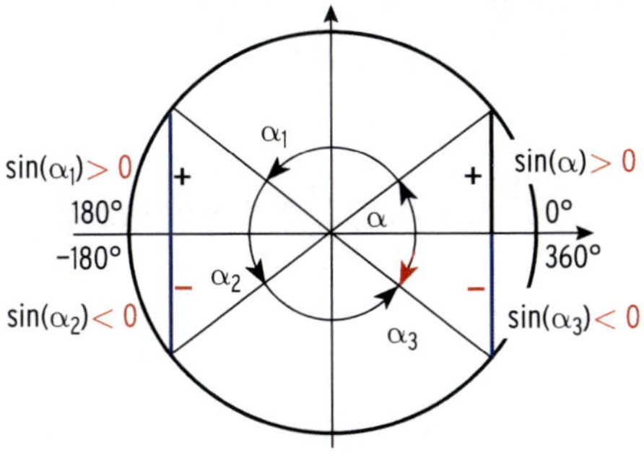

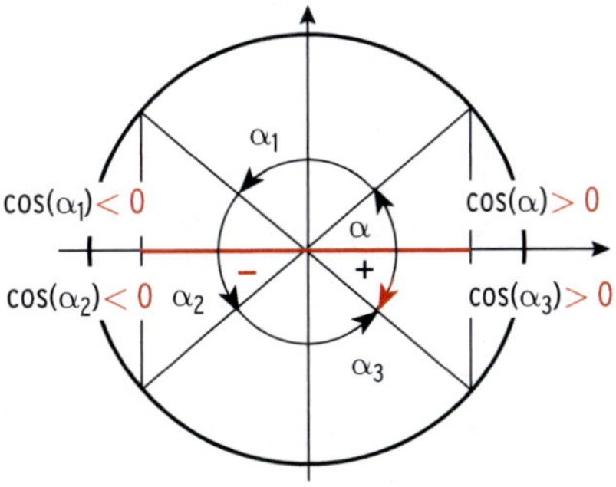

Bogenmaß eines Winkels

Umrechnungsformel: $x = \frac{\pi \cdot \alpha}{180°}$

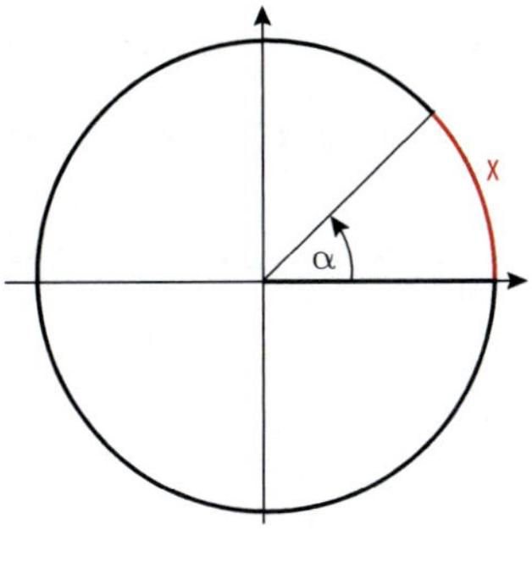

Grundfunktionen im Bogenmaß

Sinusfunktion f mit $f(x) = \sin(x);\ x \in \mathbb{R}$

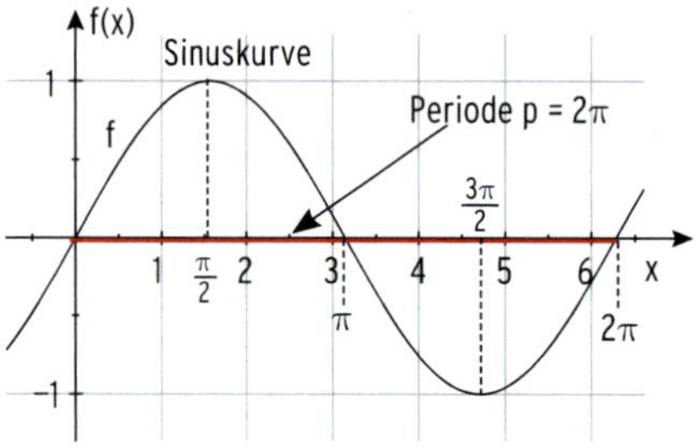

Kosinusfunktion f mit $f(x) = \cos(x);\ x \in \mathbb{R}$

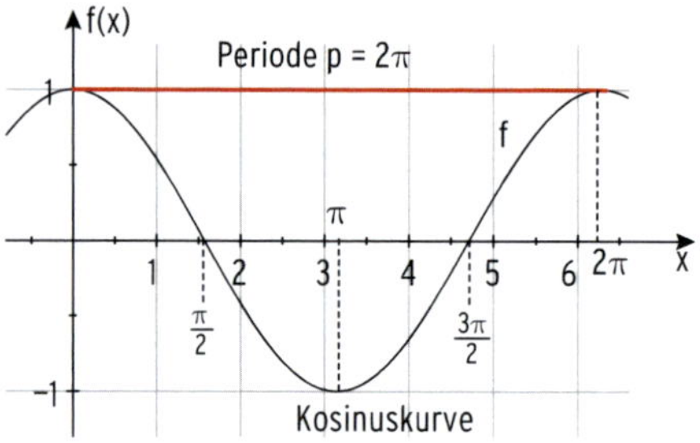

Symetrie

zum Ursprung

zur Ordinatenachse

Wertebereich

$-1 \leq \sin(x) \leq 1$

$W(f) = [-1; 1]$

$-1 \leq \cos(x) \leq 1$

$W(f) = [-1; 1]$

Nullstellen

$x = 0;\ \pm\pi;\ \pm 2\pi;\ \ldots$

$x = k\pi;\ k \in \mathbb{Z}$

$x = \pm\frac{\pi}{2};\ \pm\frac{3\pi}{2};\ \ldots$

$x = \frac{\pi}{2} + k\pi;\ k \in \mathbb{Z}$

Allgemeine Sinusfunktion

Abbildungen des Graphen von f: f(x) = sin(x)

Streckung mit Faktor a $(a > 0)$ **in Ordinatenrichtung:** $g(x) = a \cdot \sin(x)$

Streckung mit Faktor $\frac{1}{b}$ $(b > 0)$ **in Abszissenrichtung:** $g(x) = \sin(b \cdot x)$

Verschiebung um c **in Ordinatenrichtung:** $g(x) = \sin(x) + c$

Spiegelung an der Abszissenachse: $g(x) = -\sin(x)$

an der Ordinatenachse: $g(x) = \sin(-x)$

Trigonometrische Funktion f mit $f(x) = a \cdot \sin(b \cdot x) + c$

- a: Streckung in Ordinatenrichtung für $a > 0$
- b: Streckung in Abszissenrichtung mit Faktor $\frac{1}{b}$
- c: Verschiebung in Ordinatenrichtung

Änderung der Amplitude

durch Streckung in Ordinatenrichtung

mit Faktor $a > 0$: $f(x) = a \cdot \sin(x)$

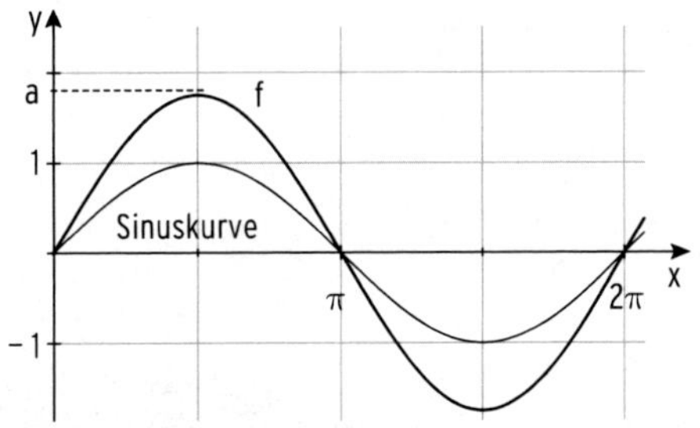

Änderung der Periode

durch Streckung in Abszissenrichtung

mit Faktor $\frac{1}{b}$; $b > 0$: $f(x) = \sin(b \cdot x)$

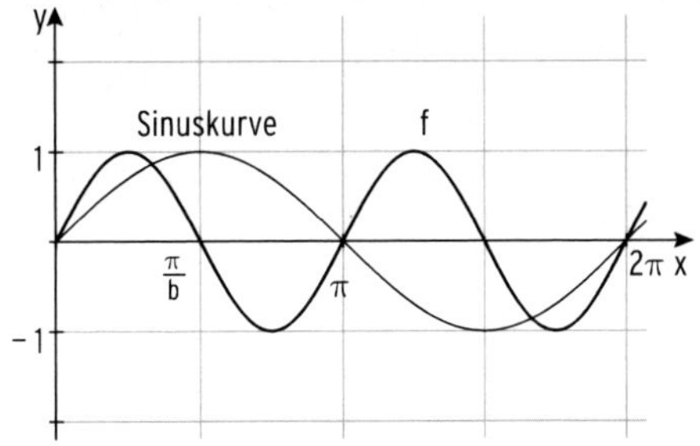

Abbildung der Sinuskurve

$f(x) = a \cdot \sin(b \cdot x) + c$

Amplitude $|a|$; Periode $p = \frac{2\pi}{b}$

Wertemenge:

$W(f) = [c - a; c + a]$ für $a > 0$

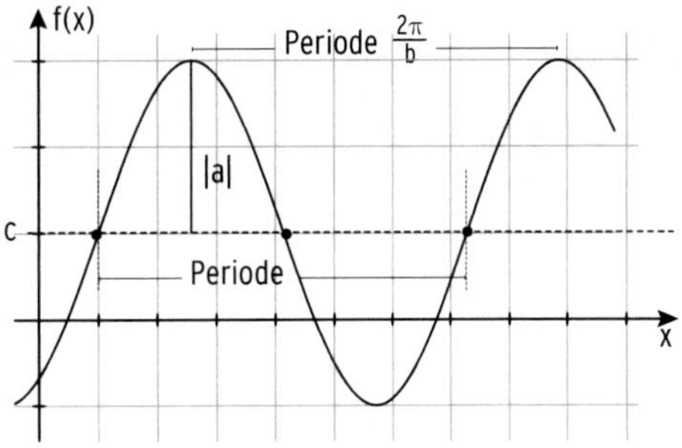

Abbildung der Kosinuskurve

$f(x) = a \cdot \cos(b \cdot x) + c$

Amplitude $|a|$; Periode $p = \frac{2\pi}{b}$

Wertemenge:

$W(f) = [c - a; c + a]$ für $a > 0$

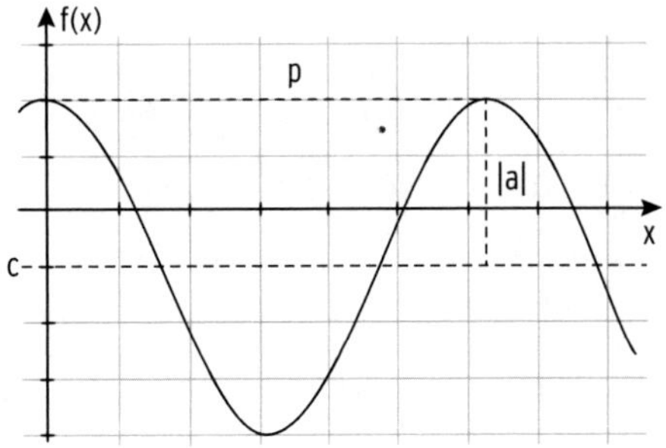

Verschiebung nach oben $c > 0$

nach unten $c < 0$

Gebrochenrationale Funktion

$f(x) = \frac{Z(x)}{N(x)} = \frac{\text{Zählerpolynom}}{\text{Nennerpolynom}}$

Maximale Definitionsmenge $D(f) = \mathbb{R} \setminus \{x \mid N(x) = 0\}$.

Nullstellen von f: $Z(x) = 0$ mit $x \in D(f)$

Schaubilder von gebrochenrationalen Funktionen

Grundfunktion f mit $f(x) = \frac{1}{x}$; $x \in \mathbb{R}^*$

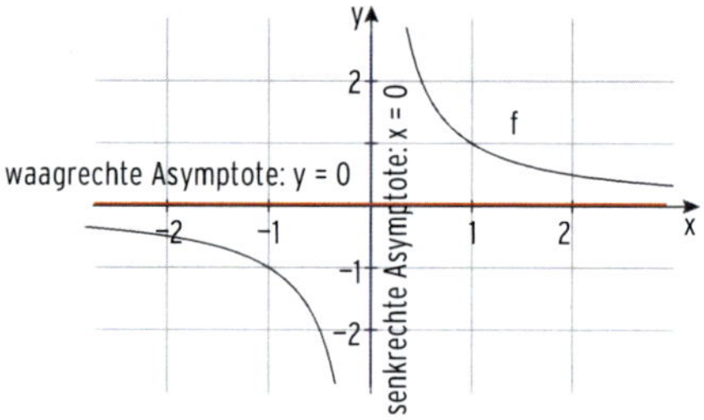

Parametervariationen:

- f mit $f(x) = a \cdot \frac{1}{x}$; $a \neq 0$
  Streckung in Ordinatenrichtung
  mit Faktor $a > 0$
  Waagrechte Asymptote: $y = 0$

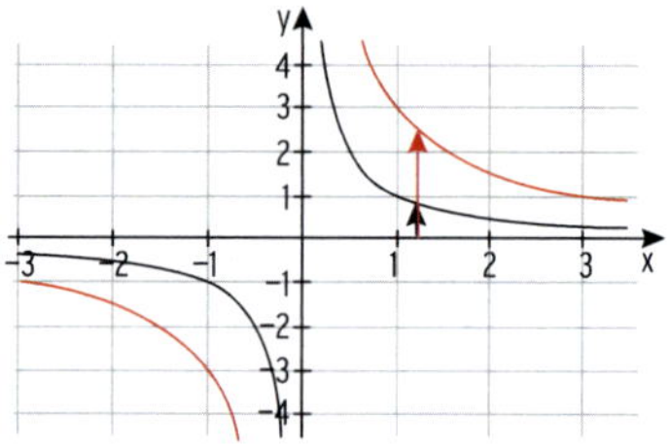

- f mit $f(x) = \frac{1}{x} + c$
  Verschiebung in Ordinatenrichtung um c
  Waagrechte Asymptote: $y = c$

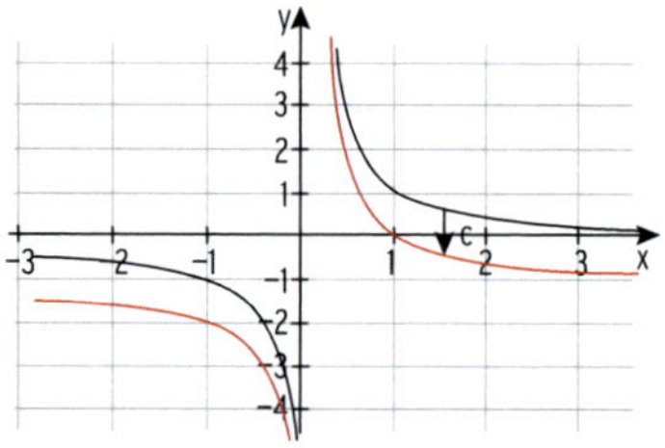

- f mit $f(x) = \frac{1}{x - b}$
  Verschiebung in Abszissenrichtung um b
  Waagrechte Asymptote: $y = 0$

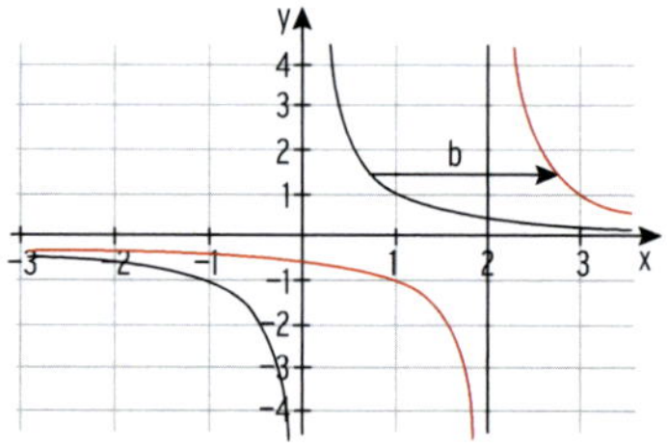

Allgemeine Form: $f(x) = \frac{a}{x - b} + c$; $x \neq b$

Waagrechte Asymptote: $y = c$; **Senkrechte Asymptote:** $x = b$

Asymptoten

a) **Waagrechte bzw. schiefe Asymptote**

- **Zählergrad < Nennergrad:**
  waagrechte Asymptote: Abszissenachse

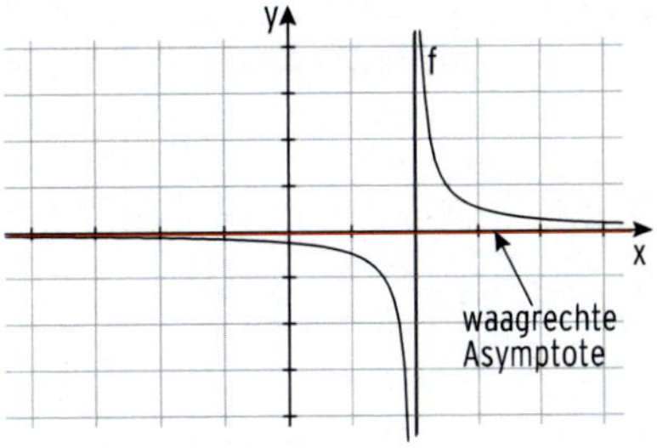

- **Zählergrad = Nennergrad:**

  waagrechte Asymptote

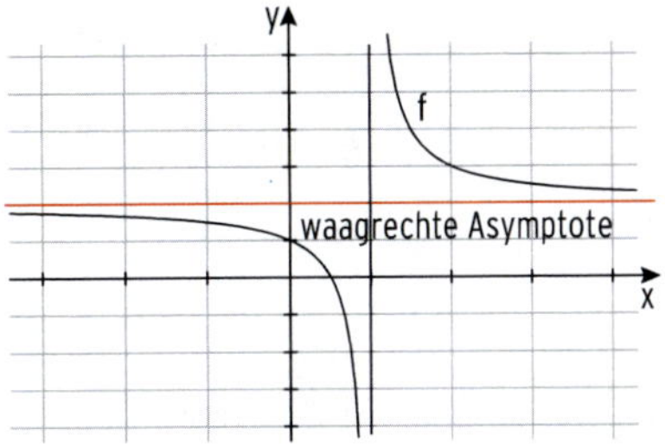

- **Zählergrad um 1 größer als der Nennergrad:**
  Der Graph hat eine **schiefe Asymptote.**

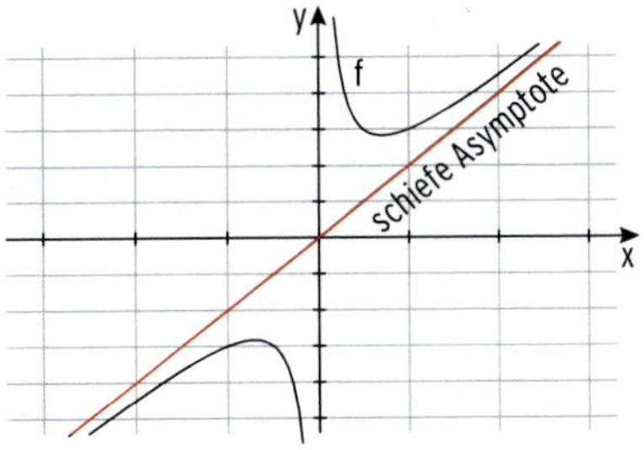

b) **Senkrechte Asymptote**

- x_1 ist Polstelle mit Vorzeichenwechsel.
  Gleichung der senkrechten Asymptote: $x = x_1$

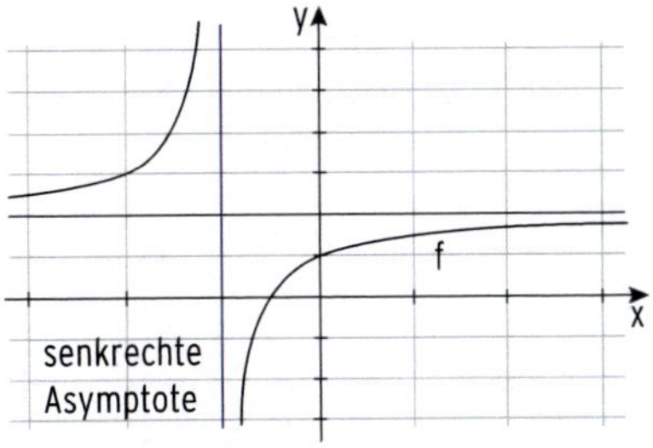

- x_1 ist Polstelle ohne Vorzeichenwechsel.
  Gleichung der senkrechten Asymptote: $x = x_1$

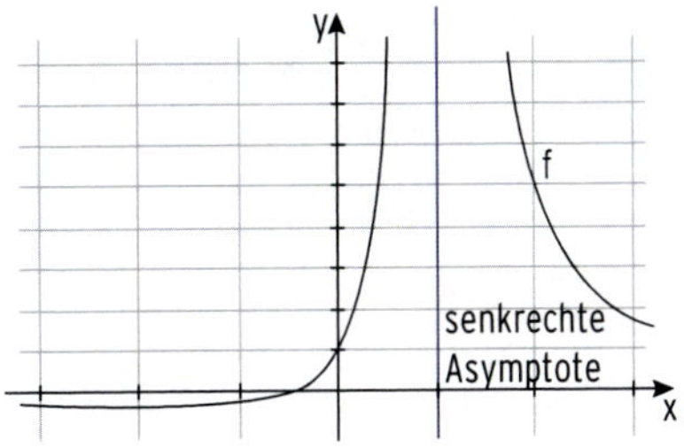

Differenzialrechnung

Änderungsrate

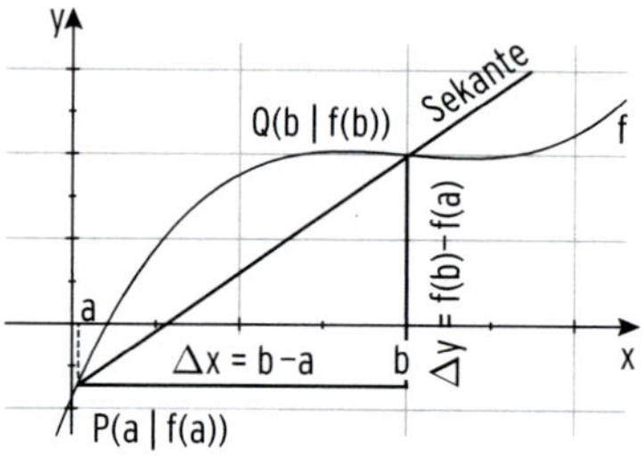

Durchschnittliche (mittlere) Änderungsrate

von f auf [a; b]: $\frac{\Delta y}{\Delta x} = \frac{f(b) - f(a)}{b - a}$

(Differenzenquotient; Steigung der Sekante; Steigung der Strecke PQ)

Durchschnittliche (mittlere) Änderungsrate

auf $[x_0; x_0 + h]$: $\frac{\Delta y}{\Delta x} = \frac{f(x_0 + h) - f(x_0)}{h}$

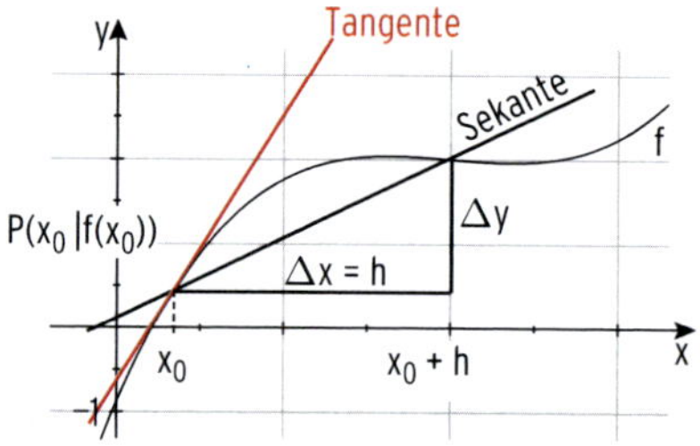

Momentane Änderungsrate:

Grenzwert des Differenzenquotienten

Differentialquotient

$$f'(x_0) = \lim_{\Delta x \to 0} \frac{\Delta y}{\Delta x} = \lim_{h \to 0} \frac{f(x_0 + h) - f(x_0)}{h}$$

oder $f'(x_0) = \lim_{x \to x_0} \frac{f(x) - f(x_0)}{x - x_0}$

Ableitungsregel	Funktion f	Ableitungsfunktion f′
Faktorregel	$f(x) = k \cdot g(x)$	$f'(x) = k \cdot g'(x)$
Summenregel	$f(x) = g(x) \pm h(x)$	$f'(x) = g'(x) \pm h'(x)$

Potenzregel	$f(x) = a \cdot x^n$	$f'(x) = n \cdot a \cdot x^{n-1}$
Kettenregel	$f(x) = g(u(x))$	$f'(x) = g'(u(x)) \cdot u'(x)$
Produktregel	$f(x) = u(x) \cdot v(x)$	$f'(x) = u'(x) \cdot v(x) + u(x) \cdot v'(x)$
Spezielle Ableitungen	$f(x) = e^x$	$f'(x) = e^x$
	$f(x) = e^{-x}$	$f'(x) = -e^{-x}$
	$f(x) = e^{kx+c}$	$f'(x) = k \cdot e^{kx+c}$
	$f(x) = e^{ax^2}$	$f'(x) = 2ax \cdot e^{ax^2}$
	$f(x) = \frac{1}{x}$	$f'(x) = -\frac{1}{x^2}$
	$f(x) = \sqrt{x} = x^{0,5}$	$f'(x) = 0,5x^{-0,5} = \frac{1}{2\sqrt{x}}$
	$f(x) = \sin(kx)$	$f'(x) = k \cdot \cos(kx)$
	$f(x) = \cos(kx)$	$f'(x) = -k \cdot \sin(kx)$
	$f(x) = \ln(x)$	$f'(x) = \frac{1}{x}$

Stetigkeit und Differenzierbarkeit

- **Stetigkeit**

Eine Funktion f ist an einer Stelle $x_0 \in D(f)$ stetig, wenn $\lim_{x \to x_0} f(x) = f(x_0)$

f ist stetig in x_0

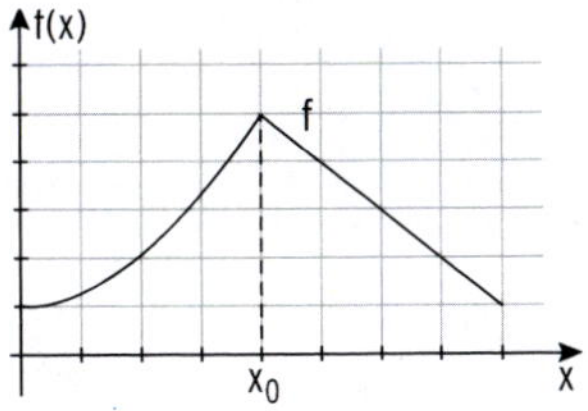

f ist nicht stetig in x_0

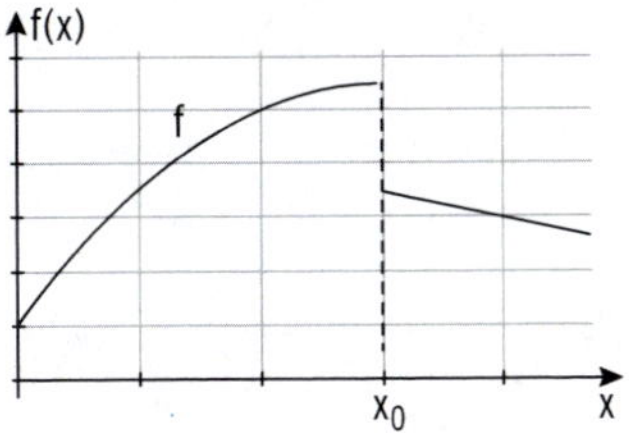

f ist nicht stetig in x_0

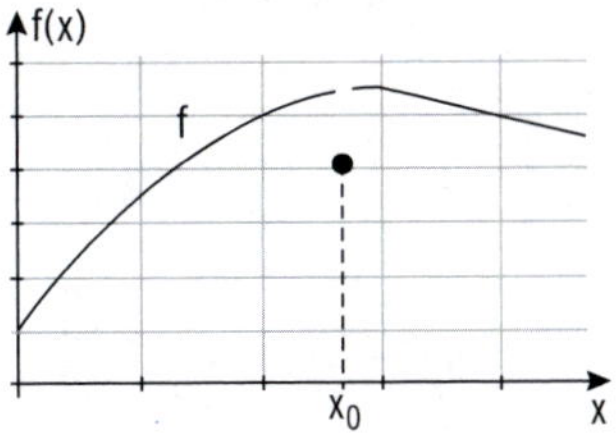

Eine Funktion f ist auf D(f) stetig, wenn f für jedes $x \in D(f)$ stetig ist.

- **Differenzierbarkeit**

Eine Funktion f ist an einer Stelle x_0 differenzierbar, wenn $f'(x_0) = \lim_{x \to x_0} \frac{f(x) - f(x_0)}{x - x_0}$ existiert. f heißt dann in $x = x_0$ differenzierbar.

f ist differenzierbar in x_0

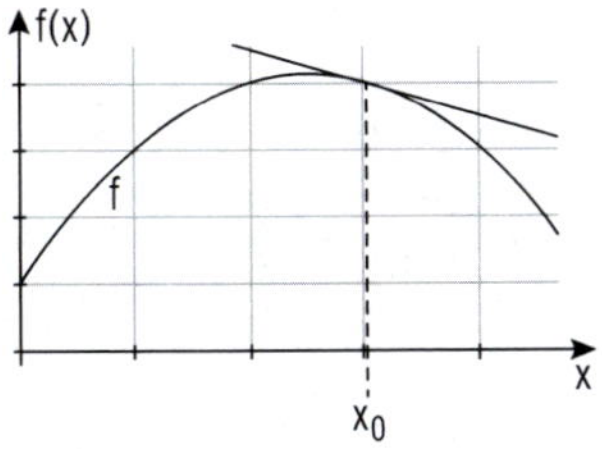

f ist nicht differenzierbar in x_0

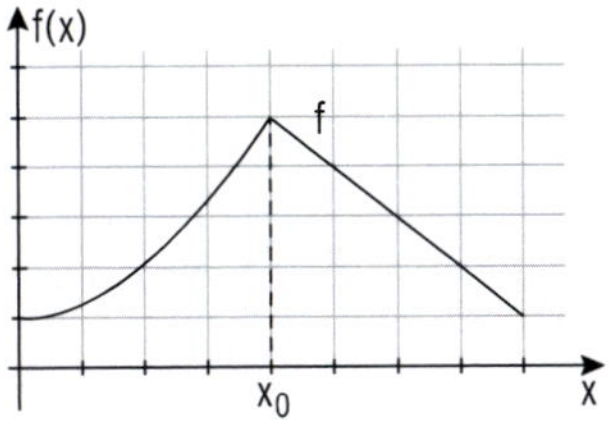

Eine Funktion f ist auf D(f) differenzierbar, wenn f für jedes $x \in D(f)$ differenzierbar ist.

Tangente

Tangente an den Graphen von f im Punkt P(u | f(u)):

Tangentensteigung: $f'(u)$

Tangentengleichung: $y = f'(u) \cdot x + b$

oder $y = f'(u) \cdot (x - u) + f(u)$

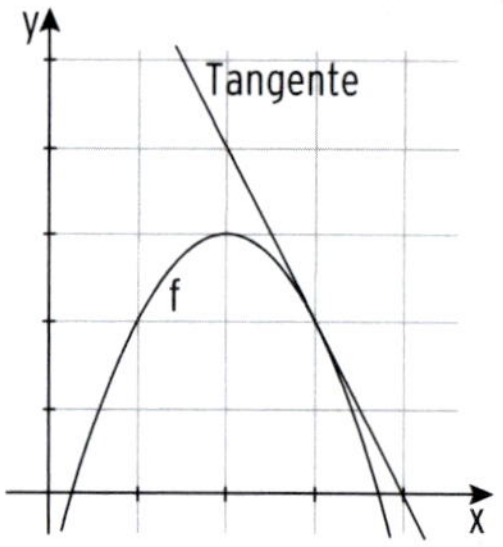

Kurvenuntersuchung

Monotonie

Gilt für alle $x \in I = (a; b)$

$f'(x) \geq 0$, so ist f monoton **wachsend,**

$f'(x) \leq 0$, so ist f monoton **fallend auf I.**

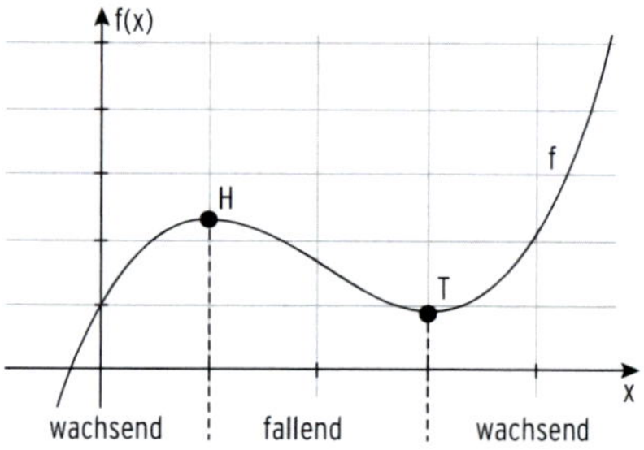

Extrempunkte

Hochpunkt $H(x_1 \| f(x_1))$	$f'(x_1) = 0 \wedge$ $f''(x_1) < 0$ **oder** VZW von $f'(x)$ von + nach − in x_1
Tiefpunkt $T(x_1 \| f(x_1))$	$f'(x_1) = 0 \wedge$ $f''(x_1) > 0$ **oder** VZW von $f'(x)$ von − nach + in x_1

Relative und absolute Extrema

Maximal-(Minimal-)stellen von f mit Definitionbereich $D(f) = [a; b]$:

- **Randstellen** a, b von D(f)
- **Stellen** mit $f'(x) = 0$

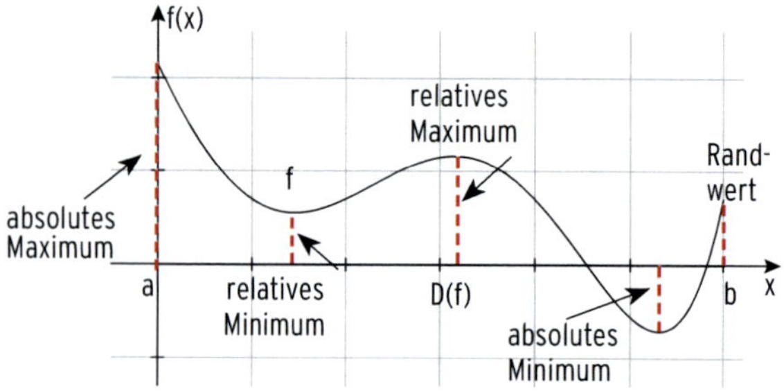

Krümmung

Der Graph von f ist **linksgekrümmt** auf I = (a; b), wenn **f ″(x) > 0** für alle $x \in I$.

Der Graph von f ist **rechtsgekrümmt** auf I = (a; b), wenn **f ″(x) < 0** für alle $x \in I$.

Wendepunkte

Wendepunkt $W(x_1 \mid f(x_1))$	$f''(x_1) = 0 \wedge$ $f'''(x_1) \neq 0$ **oder** VZW von $f''(x)$ in x_1

Links-Rechts-Wendepunkt: $f''(x_1) = 0 \wedge f'''(x_1) < 0$

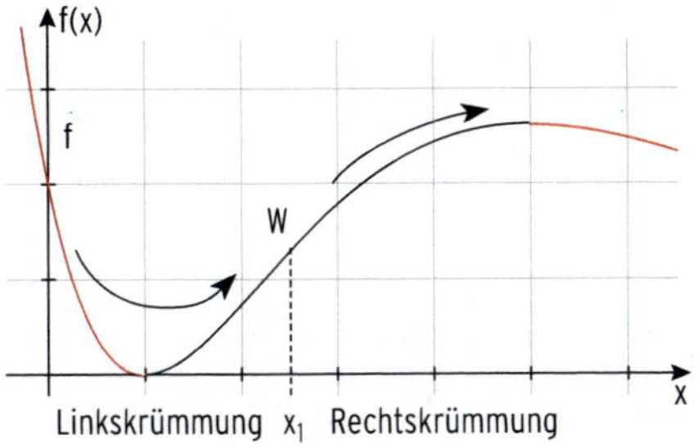

Zuwachs am stärksten in x_1

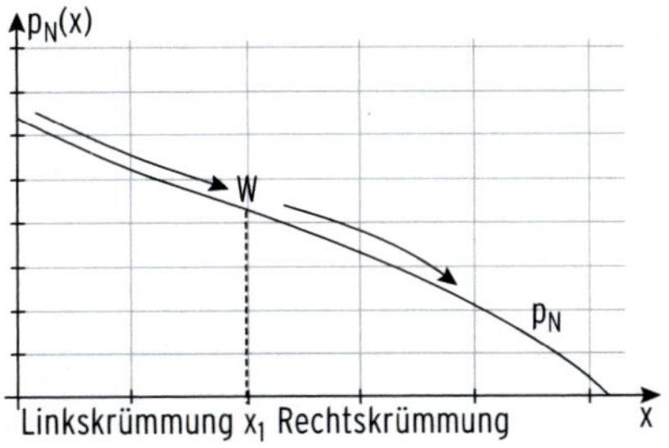

Rückgang am geringsten in x_1

Rechts-Links-Wendepunkt: $f''(x_1) = 0 \wedge f'''(x_1) > 0$

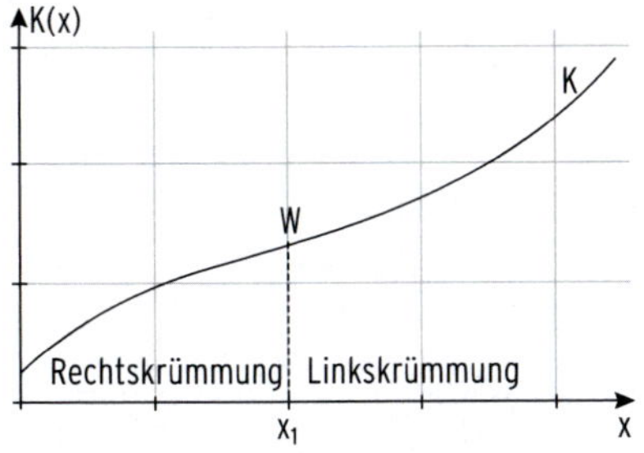

Zuwachs am geringsten in x_1

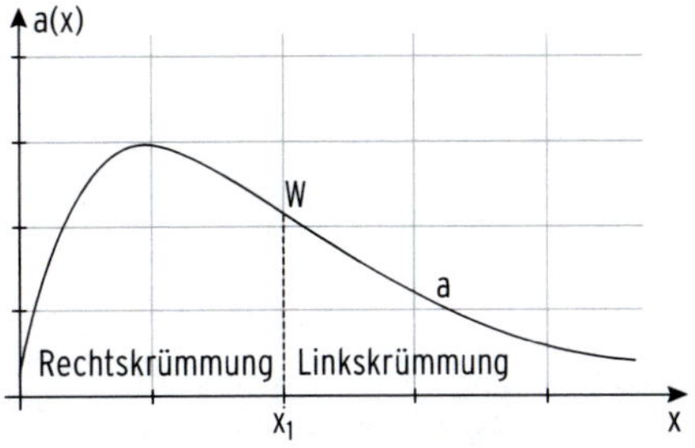

Rückgang am stärksten in x_1

Wendetangente:

Tangente an den Graphen von f im Wendepunkt

Sattelpunkt:

Wendepunkt mit waagrechter Tangente

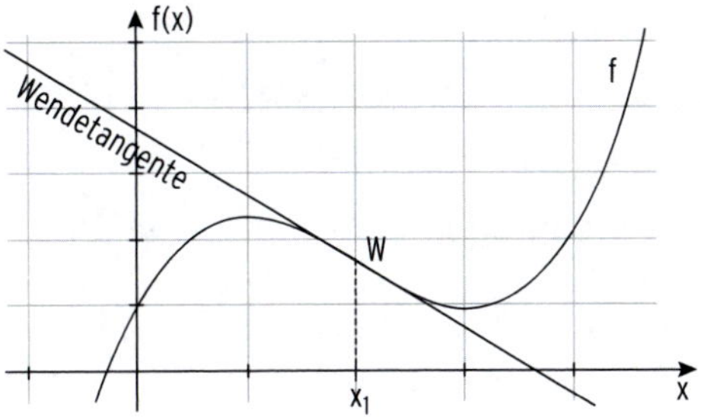

Integralrechnung

Stammfunktion: Eine Funktion F heißt Stammfunktion von f auf dem Intervall I, wenn auf I gilt: $F'(x) = f(x)$.

Unbestimmtes Integral: $\int f(x)\,dx = F(x) + C;\ C \in \mathbb{R}$

Menge aller Stammfunktionen von f

Grundintegrale:

$\int dx = x + C$

$\int a \cdot dx = ax + C$

$\int x^n\,dx = \frac{1}{n+1}x^{n+1} + C \quad (n \neq -1)$

$\int (a_3x^3 + a_2x^2 + a_1x + a_0)dx = \frac{a_3}{4}x^4 + \frac{a_2}{3}x^3 + \frac{a_1}{2}x^2 + a_0x + C$

$\int e^x\,dx = e^x + C$

$\int e^{ax+b}\,dx = \frac{1}{a}e^{ax+b} + C;\ a \neq 0$

$\int \sin(x)\,dx = -\cos(x) + C;\ \int \cos(x)\,dx = \sin(x) + C$

$\int \frac{1}{x}\,dx = \ln|x| + C$

Bestimmtes Integral: $\int_a^b f(x)dx = [\,F(x)]_a^b = F(b) - F(a)$

F ist eine Stammfunktion von f

Integrationsregeln:

Faktorregel: $\int_a^b (k \cdot f(x))\,dx = k \cdot \int_a^b f(x)dx;\ k \in \mathbb{R}$

Summenregel: $\int_a^b f(x)\,dx \pm \int_a^b g(x)\,dx = \int_a^b (f(x) \pm g(x))\,dx$

Änderung der Grenzen: $\int_a^c f(x)\,dx = \int_a^b f(x)\,dx + \int_b^c f(x)\,dx$

$\int_a^b f(x)\,dx = -\int_b^a f(x)\,dx$

Spezielle Ableitungen/Stammfunktionen mit $C \in \mathbb{R}$

$f(x) = x^k$	$f'(x) = k \cdot x^{k-1}$	$F(x) = \frac{1}{k+1} \cdot x^{k+1} + C;\ k \neq -1$
$f(x) = e^{k \cdot x}$	$f'(x) = k \cdot e^{k \cdot x}$	$F(x) = \frac{1}{k} \cdot e^{k \cdot x} + C;\ k \neq 0$

Flächenberechnung

• Fläche zwischen dem Graphen von f und der Abszissenachse

Nullstelle von f auf [a; b]: x_1

Gesamter Flächeninhalt:

$$A = \left|\int_a^{x_1} f(x)\,dx\right| + \left|\int_{x_1}^{b} f(x)\,dx\right|$$

orientierter Flächeninhalt

(Flächenbilanz): $\int_a^{x_1} f(x)\,dx + \int_{x_1}^{b} f(x)\,dx$

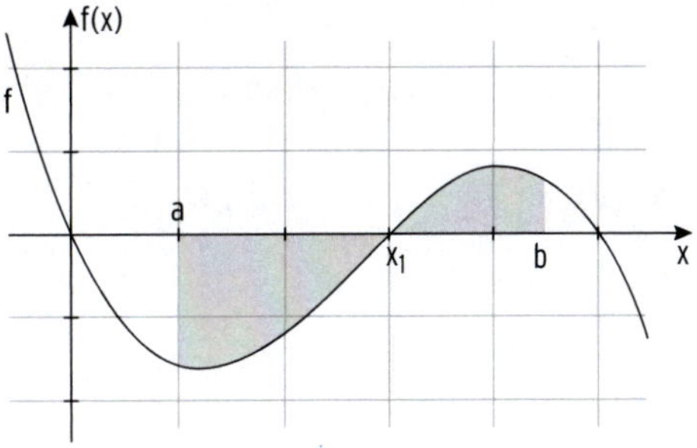

• Fläche zwischen den Graphen von f und g

Für $f(x) \geq g(x)$ auf [a; b] gilt:

$$A = \int_a^b \big(f(x) - g(x)\big)\,dx,$$

Für $f(x) \leq g(x)$ auf [a; b] gilt:

$$A = -\int_a^b \big(f(x) - g(x)\big)\,dx$$

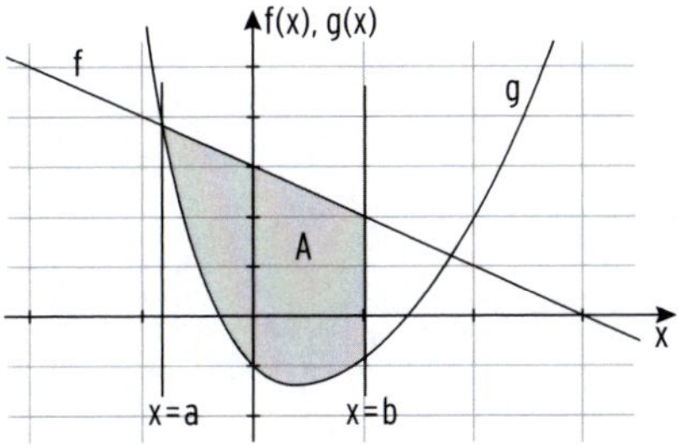

Integralfunktion

$$I_a(x) = \int_a^x f(t)\,dt = [F(t)]_a^x = F(x) - F(a)$$

Die **Integralfunktion** zur unteren Grenze a ist eine Stammfunktion von f mit $I_a(a) = 0$.

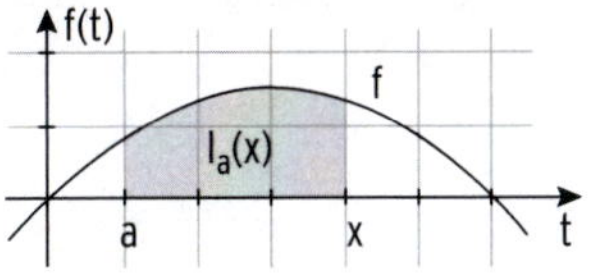

Begriffe:

Unbestimmtes Integral: $\int f(x)dx = F(x) + C$

(Menge von Funktionen)

Bestimmtes Integral: $\int_a^b f(x)dx = F(b) - F(a)$ **(reelle Zahl)**

Integralfunktion I_a mit $I_a(x) = \int_a^x f(t)dt$ (Funktion)

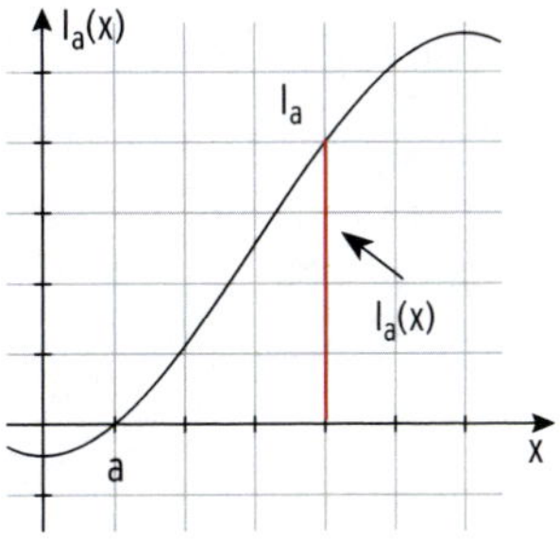

Uneigentliches Integral

Flächenberechnung mithilfe einer Grenzwertbetrachtung

- **Integration über ein unbeschränktes Intervall**

$$\int_a^{\infty} f(x)\,dx = \lim_{b \to \infty} \int_a^b f(x)dx$$

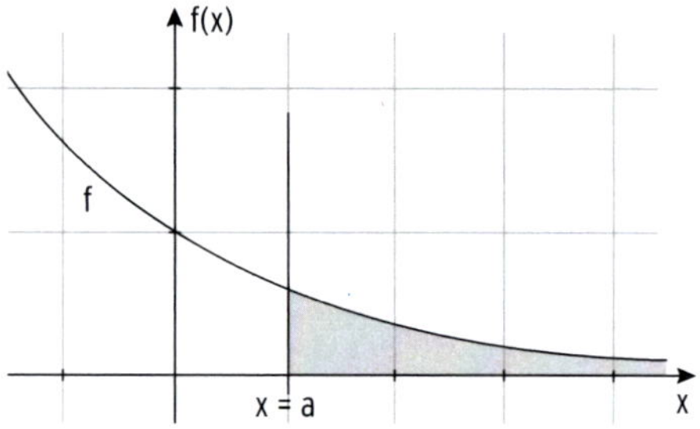

$$\int_{-\infty}^{b} f(x)\,dx = \lim_{a \to -\infty} \int_a^b f(x)dx$$

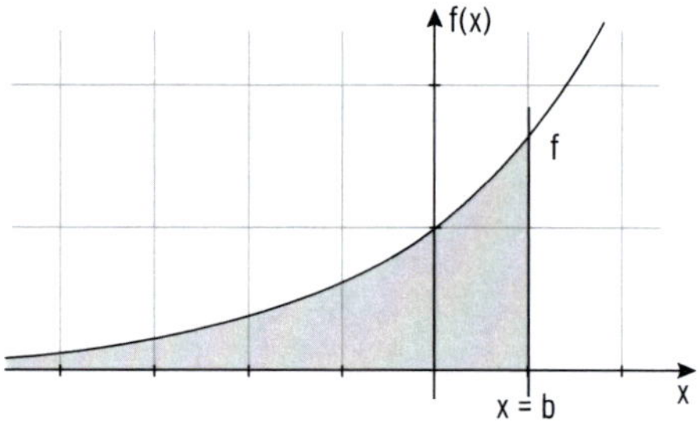

- **Integration einer unbeschränkten Funktion**

x_1 ist Polstelle von f.

$$\int_{x_1}^{b} f(x)\,dx = \lim_{a \to x_1} \int_a^b f(x)\,dx$$

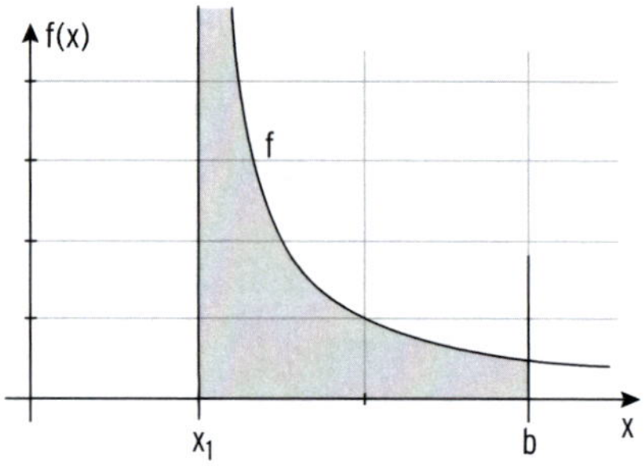

Rotation um die Abszissenachse

Die Fläche zwischen dem Graphen von f und der Abszissenachse rotiert um die Abszissenachse.

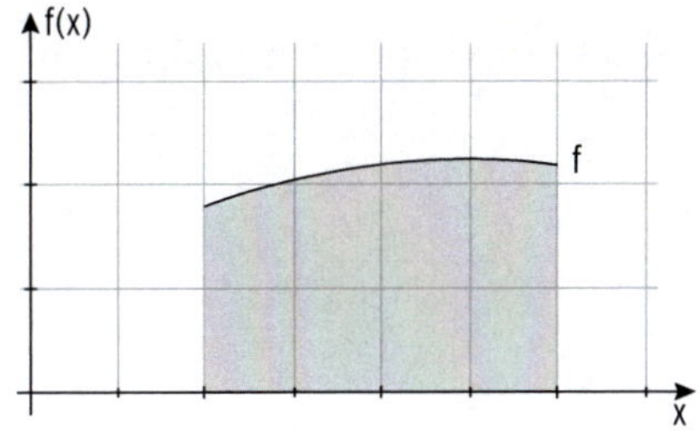

Volumen des Rotationskörpers:

$$V_x = \pi \cdot \int_a^b (f(x))^2 \, dx$$

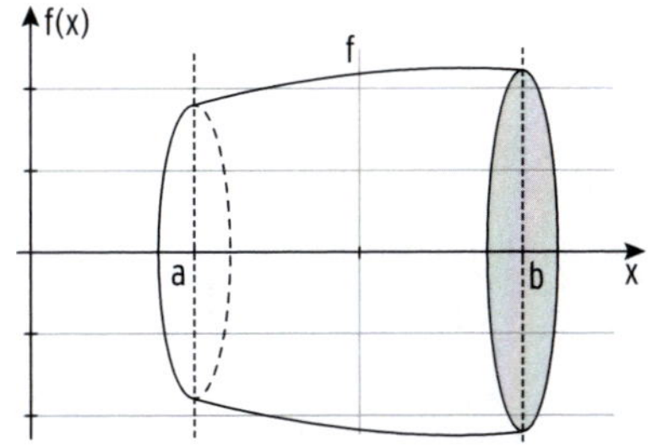

Die Fläche zwischen den Graphen von f und von g rotiert um die Abszissenachse.

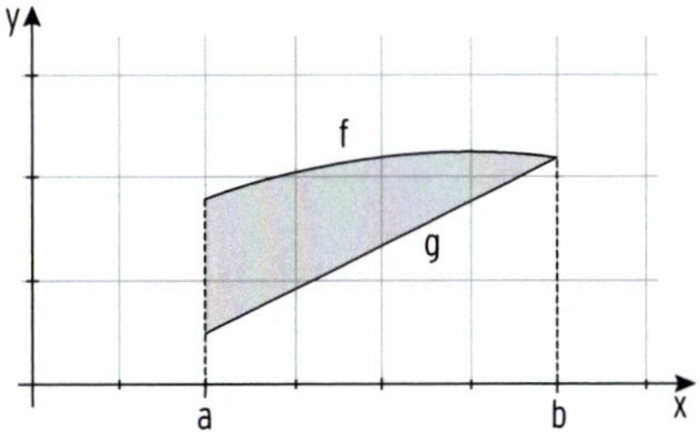

Volumen des Rotationskörpers:

$$V = V_{außen} - V_{innen}$$

$$V = \pi \cdot \int_a^b (f(x))^2 \, dx - \pi \cdot \int_a^b (g(x))^2 \, dx$$

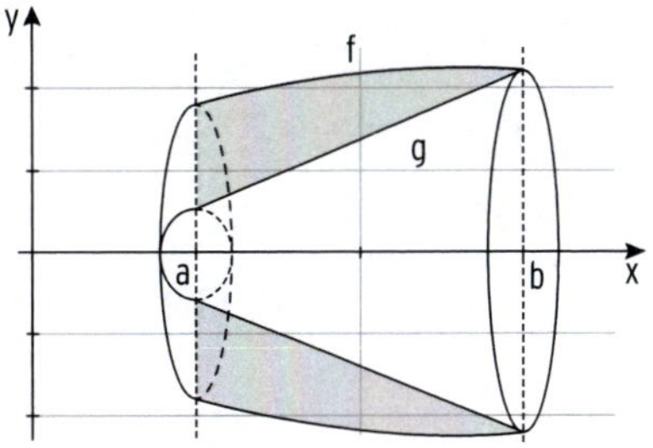

Grafisches Ableiten und Integrieren

- **Grafisches Ableiten**

  f′ ist die Ableitungsfunktion von f.

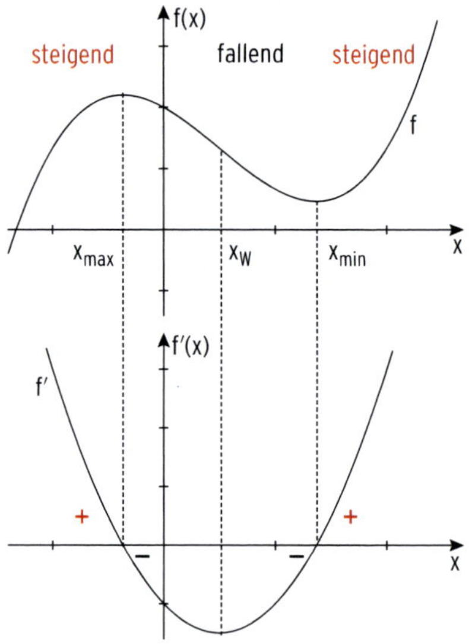

- **Grafisches Integrieren**

  F ist eine Stammfunktion von f

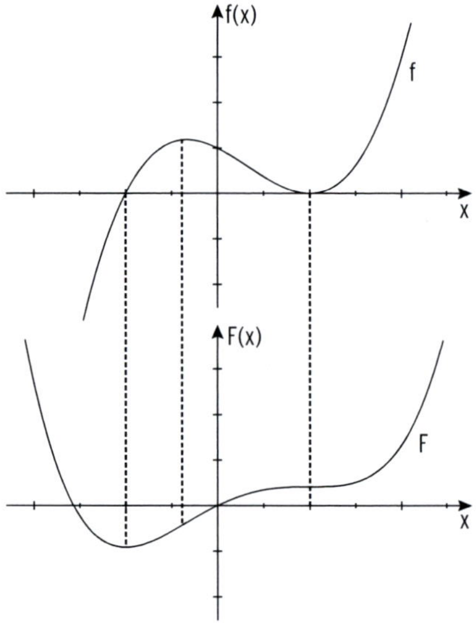

Anwendungen der Differenzial- und der Integralrechnung

Von den Gesamtkosten zu den Grenzkosten

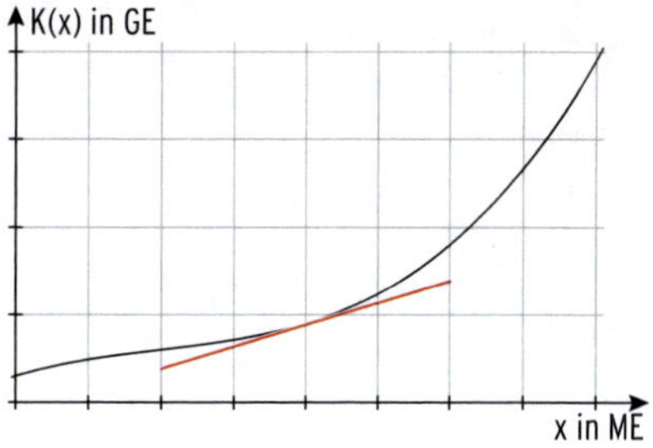

Grenzkosten = zusätzliche Kosten pro weiterer (kleiner) Mengeneinheit

$$K'(x) = \lim_{\Delta x \to 0} \frac{\Delta K}{\Delta x} = \frac{dK(x)}{dx}$$

Einheit der Grenzkosten: $\frac{GE}{ME}$ $\left(\frac{\text{Geldeinheit}}{\text{Mengeneinheit}}\right)$

Momentane Änderungsrate

- Momentaner Absatz in ME/ZE

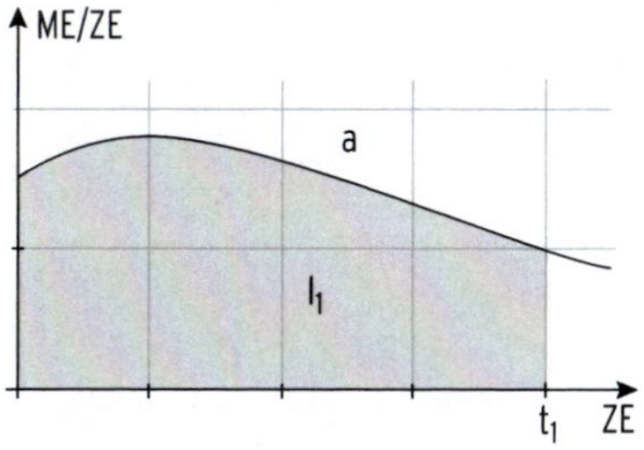

Gesamtänderung durch Integration

Gesamtabsatz in ME

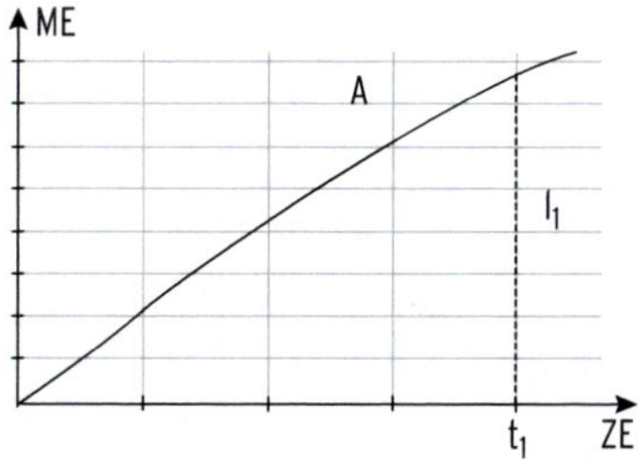

- Grenzkosten in GE/ME

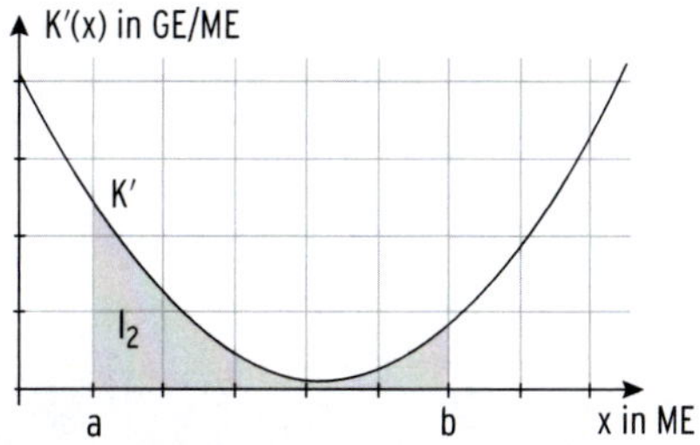

Gesamtkostenzunahme $\int_a^b K'(x)dx$

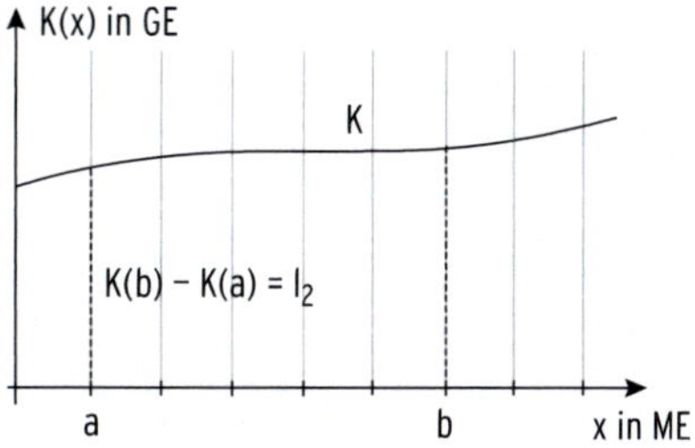

Gesamtkosten auf [a; b]: $K(b) = K(a) + \int_a^b K'(x)dx$

Mittelwert der Funktionswerte f(x) auf [a; b]:

$$\overline{m} = \frac{1}{b-a} \int_a^b f(x)dx$$

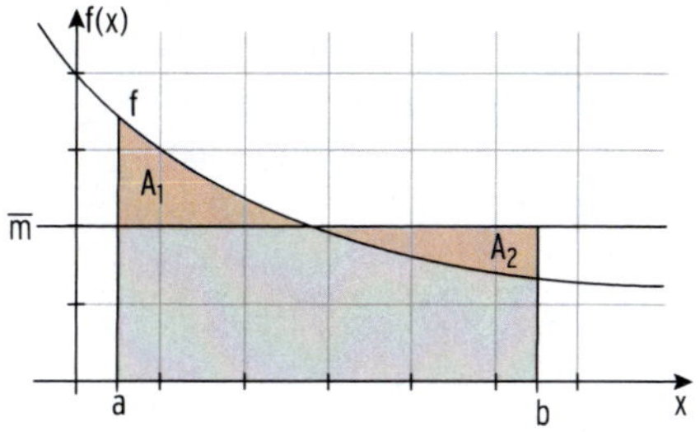

Fachbegriffe aus der Wirtschaft

Bezeichnung	Symbol; Formel	Schaubild
Ausbringungsmenge Herstellmenge Ökonomisch sinnvoller Definitionsbereich	x $D_{ök}$	
Gesamtkosten Fixe Kosten Variable Kosten Gesamtkostenkurve	K K_f K_v $K(x) = K_f + K_v(x)$ $K(x) = a x^3 + b x^2 + c x + d$; $x \geq 0$; $a \neq 0$	S-förmig 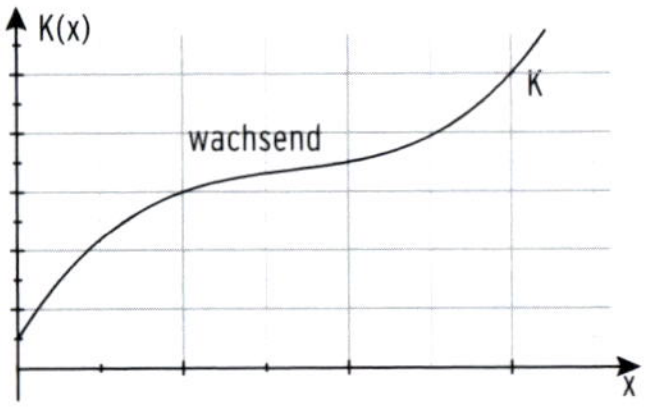
K degressiv wachsend K progressiv wachsend	$K'(x) > 0 \wedge K''(x) < 0$ $K'(x) > 0 \wedge K''(x) > 0$	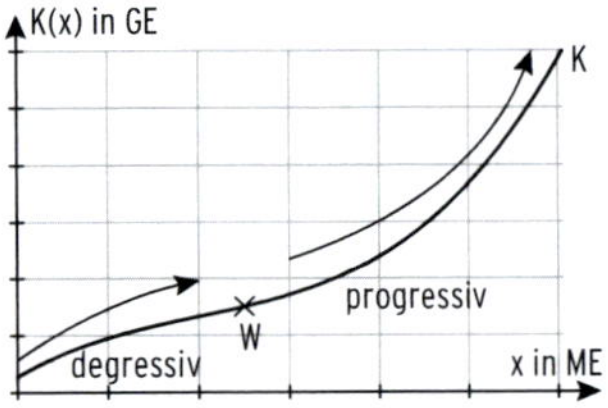
Grenzkosten Differenzialkosten	$K'(x)$	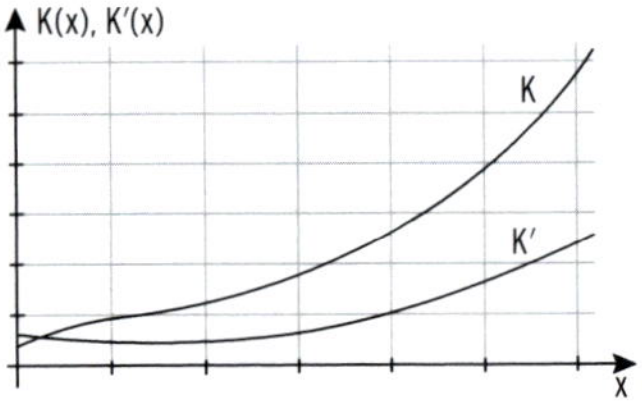

Bezeichnung	Symbol; Formel	Schaubild
Variable Stückkosten	$k_v(x) = \frac{K_v(x)}{x};\ x > 0$	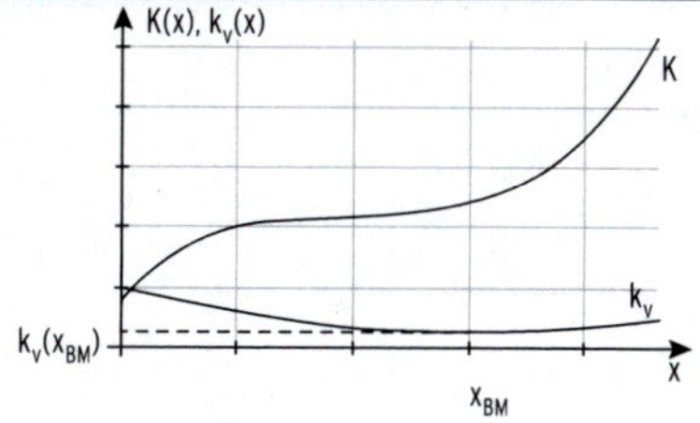
Betriebsminimum x_{BM}	Bed.: $k_v'(x) = 0$	
Minimale variable Stückkosten (kurzfristige Preisuntergrenze)	$k_v(x_{BM})$	
Betriebsminimum x_{BM} (grafisch)		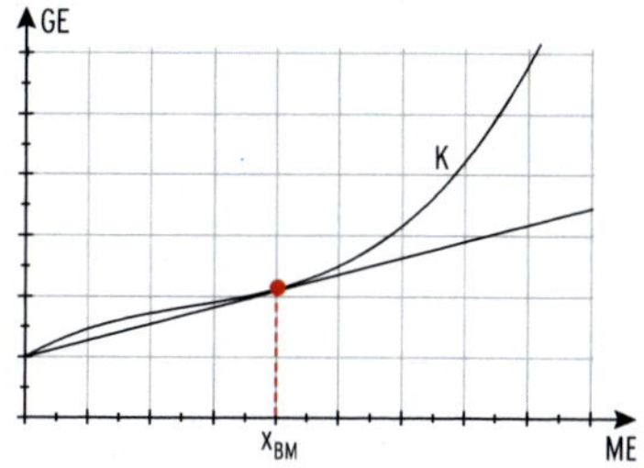
Stückkosten	$k(x) = \frac{K(x)}{x};\ x > 0$	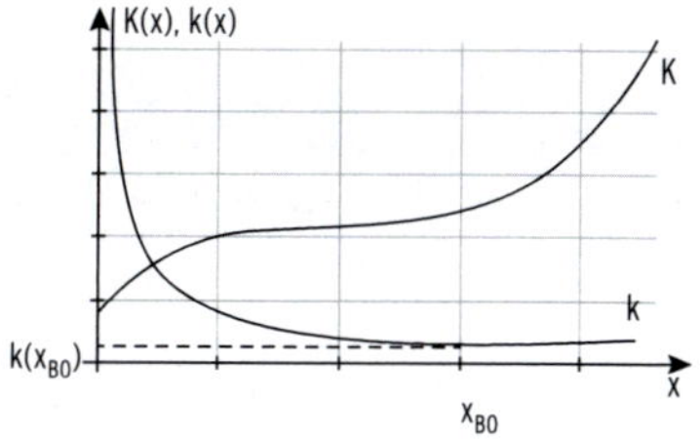
Betriebsoptimum x_{BO}	Bed.: $k'(x) = 0$	
Minimale Stückkosten langfristige Preisuntergrenze	$k(x_{BO})$	
Betriebsoptimum x_{BO} (grafisch)		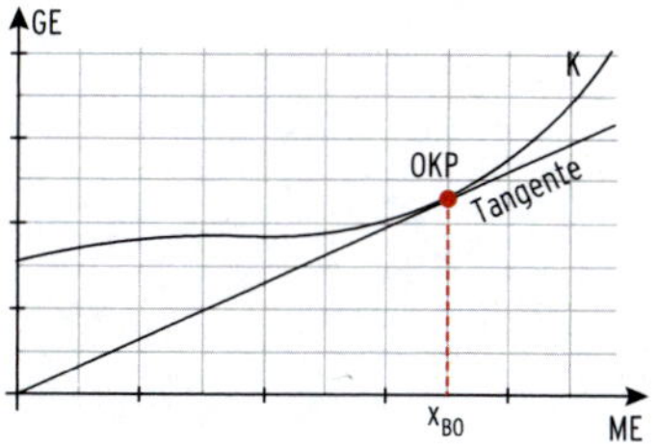
Berührpunkt (optimaler Kostenpunkt)	OKP	

Bezeichnung	Symbol; Formel	Schaubild
Stückpreis	p	
Erlösfunktion bei vollständiger Konkurrenz	$E(x) = p \cdot x$	Erlösgerade 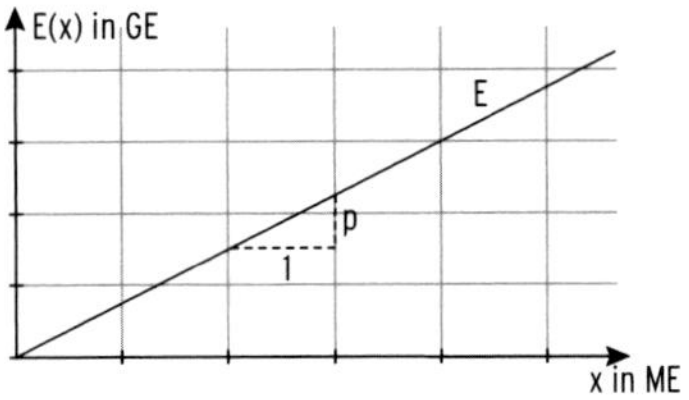
Gewinnzone	$x_{GS} < x < x_{GG}$	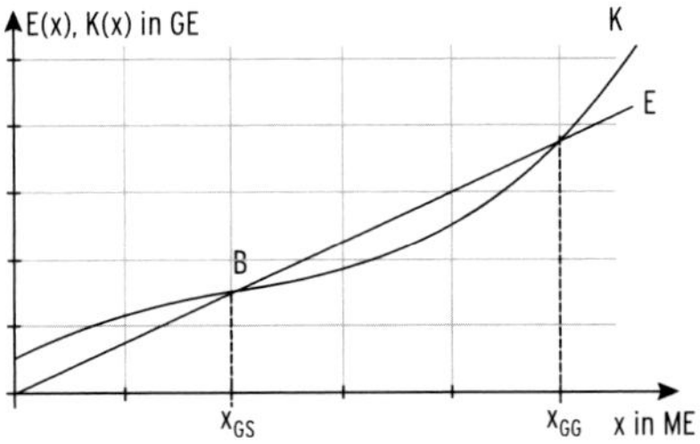
Preis-Absatz-Funktion Erlösfunktion bei Monopol	$p_N(x) = -ax + b;\ a > 0$ $E(x) = p_N(x) \cdot x$	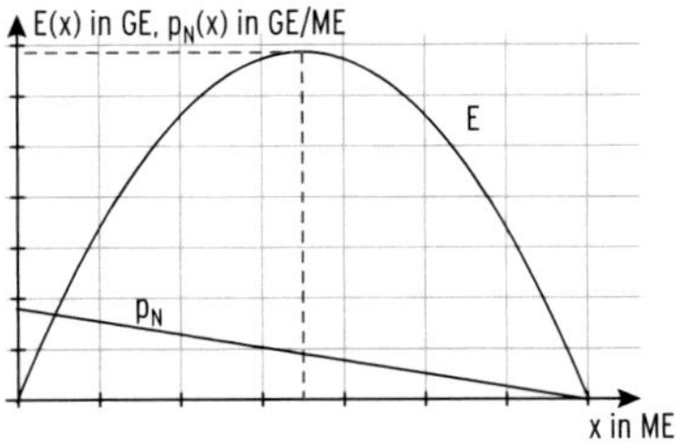
Gewinnzone	$x_{GS} < x < x_{GG}$	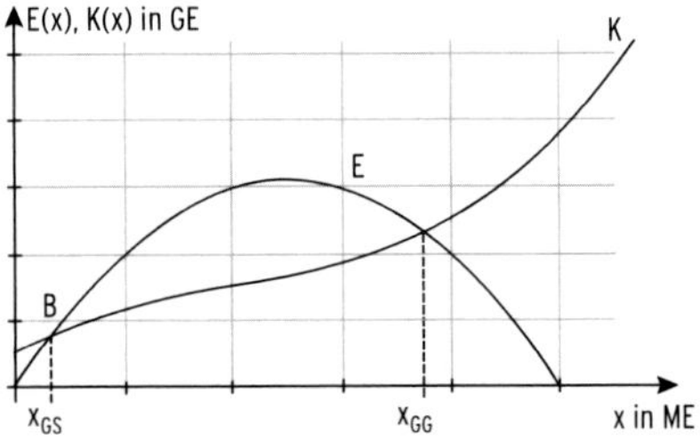
Break-Even-Punkt	$B(x_{GS} \mid K(x_{GS}))$	

Bezeichnung	Symbol; Formel	Schaubild
Gewinnfunktion G Gewinnschwelle x_{GS} Gewinngrenze x_{GG} Gewinnzone gewinnmaximale Menge Gewinnmaximum Maximaler Gewinn	$G(x) = E(x) - K(x)$ $G(x) = 0$ $G(x) = 0$ $x_{GS} < x < x_{GG}$ x_{max} $G'(x) = 0 \wedge G''(x) < 0$ $G(x_{max})$	Gewinnkurve 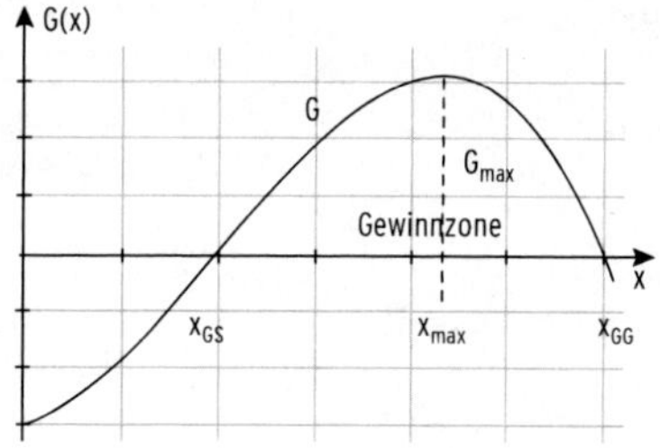
Gewinnmaximum (grafisch)		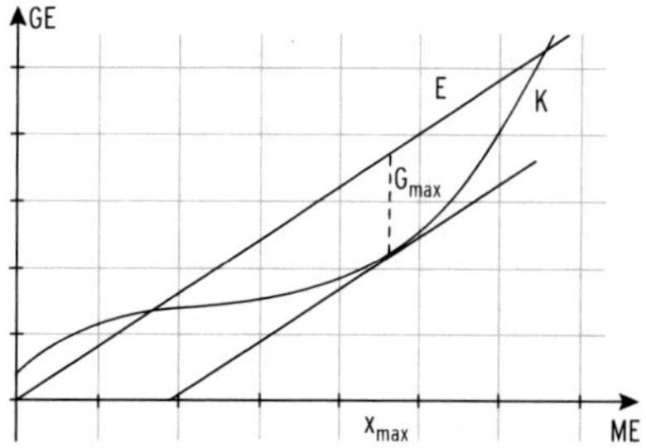
Cournot'scher Punkt gewinnmaximaler Preis	$C(x_{max} \mid p_N(x_{max}))$ $p_N(x_{max})$	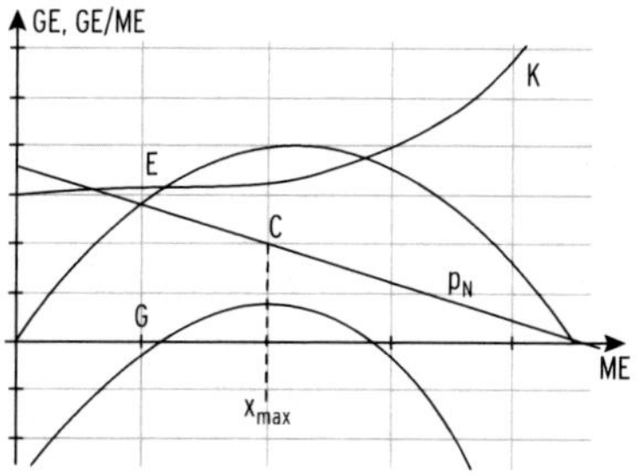
Deckungsbeitrag		
Stückdeckungsbeitrag	$dB(x) = p(x) - k_v(x)$	
Gesamtdeckungsbeitrag	$DB(x) = G(x) + K_f$ $DB(x) = E(x) - K_v(x)$ $DB(x) = dB(x) \cdot x$	

Bezeichnung	Symbol; Formel	Schaubild
Nachfragefunktion Sättigungsmenge $x_{Sätt}$ Höchstpreis	$p_N(x)$ $p_N(x) = 0$ $p_N(0)$	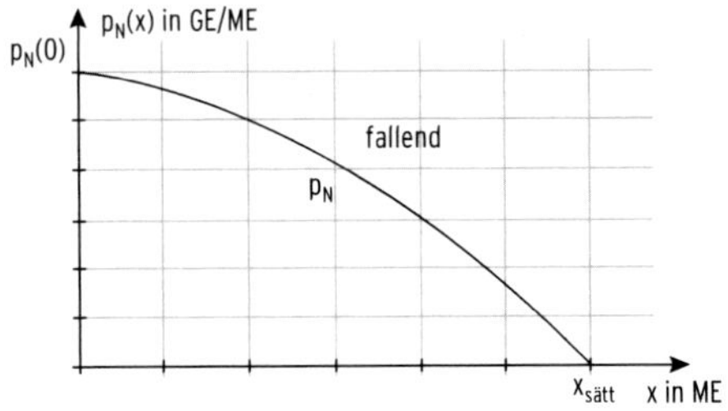
Angebotsfunktion Mindestangebotspreis	$p_A(x)$ $p_A(0)$	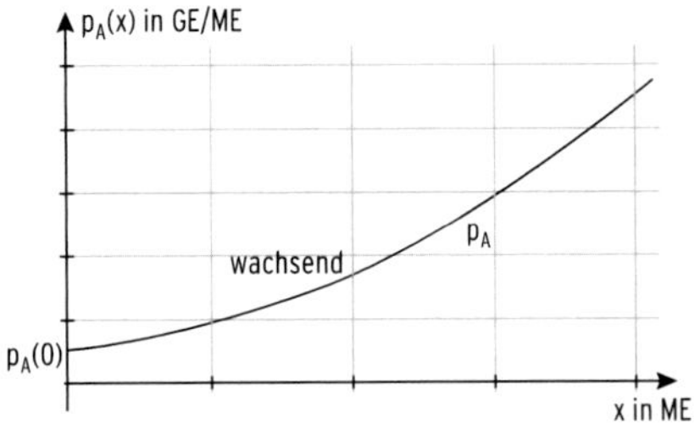
Gleichgewichtsmenge Gleichgewichtspreis Marktgleichgewicht	x_G $p_G = p_N(x_G) = p_A(x_G)$ $MG(x_G \mid p_G)$	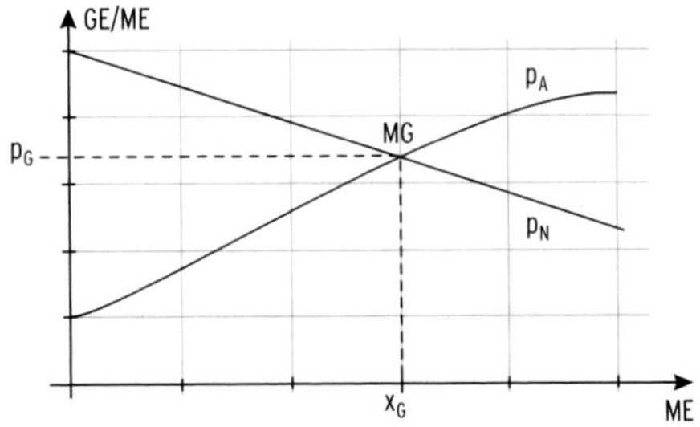
Angebotsüberschuss	$x_A - x_N$	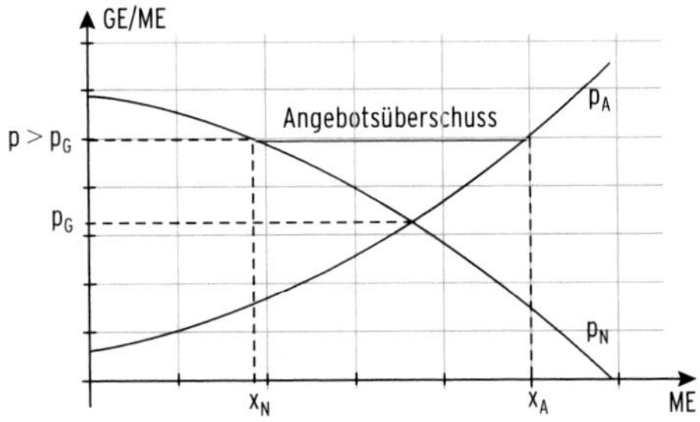

Bezeichnung	Symbol; Formel	Schaubild
Nachfrageüberschuss	$x_N - x_A$	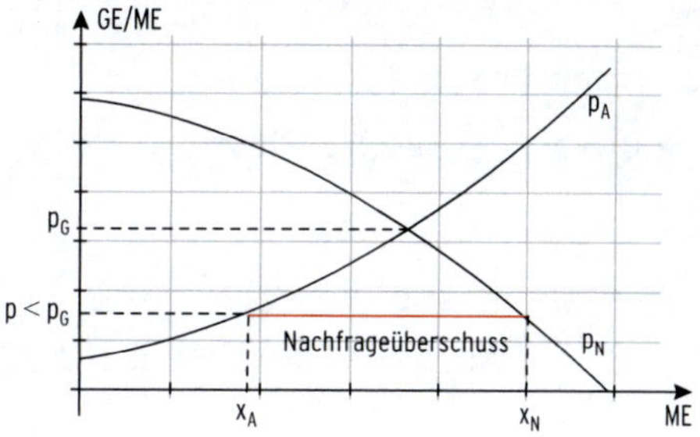
Konsumentenrente	$KR = \int_0^{x_G} (p_N(x) - p_G)\,dx$ bzw. $KR = \int_0^{x_G} p_N(x)dx - x_G \cdot p_G$	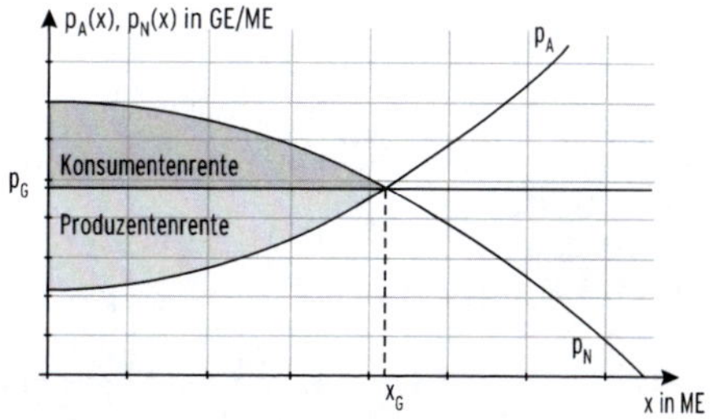
Produzentenrente	$PR = \int_0^{x_G} (p_G - p_A(x))\,dx$ bzw. $PR = x_G \cdot p_G - \int_0^{x_G} p_A(x)dx$	

Degressive Abschreibung

Anschaffungskosten	B_0
Abschreibungssatz	$p\,\%$
Buchwert nach n Jahren	$B_n = B_0 \cdot (1 - \frac{p}{100})^n$
Abschreibungsbetrag nach n Jahren	$a_n = \frac{p}{100} \cdot (1 - \frac{p}{100})^{n-1} \cdot B_0$
Wechselzeitpunkt n bei einer Nutzungsdauer von m Jahren	$n = m + 1 - \frac{1}{p\%} = m + 1 - \frac{100}{p}$

Minimalkostenkombination

Isoquantenfunktion

I_P mit $I_P(x) = \frac{a}{x-b} + c$; $a > 0$; $b \geq 0$; $c \geq 0$

Graph von I_P (**Isoquante**):
- senkrechte Asymptote mit $x = b$
- waagrechte Asymptote mit $y = c$

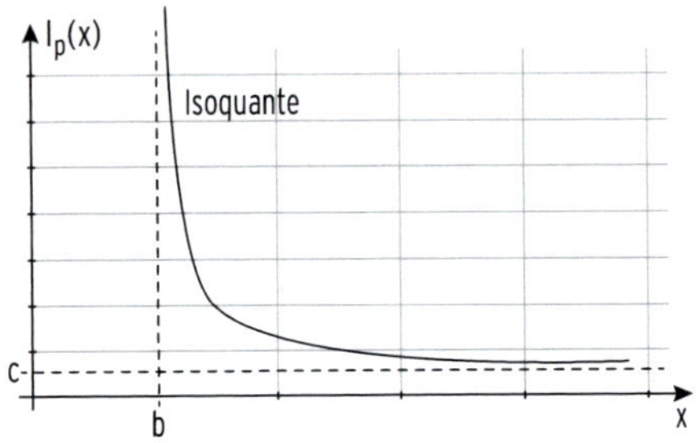

Isokostenfunktion

K: Kostenbudget

p_x, p_y: Preis für eine ME des Produktionsfaktors x bzw. y

Kostenbudget: $K = p_x \cdot x + p_y \cdot y$

Isokostenfunktion I_K mit

$$I_K(x) = -\frac{p_x}{p_y} \cdot x + \frac{K}{p_y}$$

Graph von I_K: **Isokostengerade**

mit Steigung $-\frac{p_x}{p_y}$.

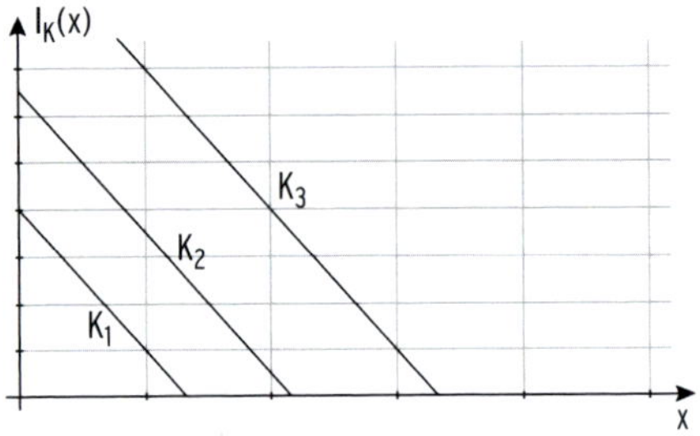

Minimalkostenkombination

$I_P'(x) = -\frac{p_x}{p_y}$

Minimalkostenkombination

$(x_{min} \mid I_P(x_{min}))$

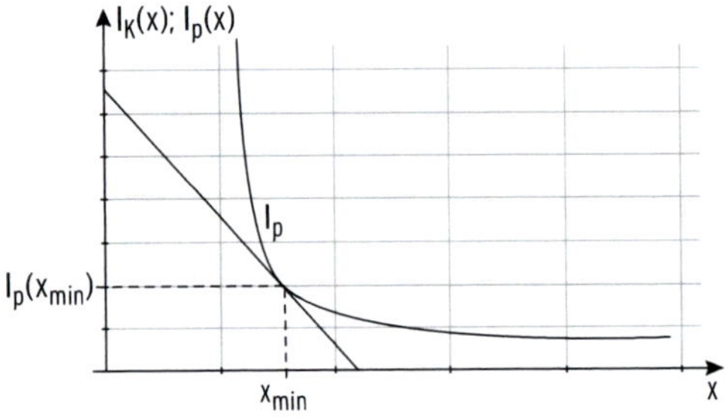

Elastizität

Preiselastizität der Nachfrage:

$$e_N(x) = \frac{p_N(x)}{x} \cdot \frac{1}{p_N'(x)}$$

$$e_N(x) = \frac{p_N(x)}{x \cdot p_N'(x)}$$

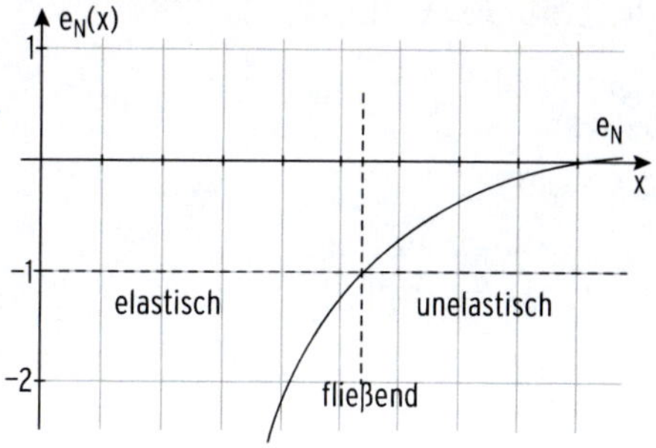

Die Nachfrage p_N heißt in x_0

- **fließend,** wenn $e(x_0) = -1$.
- **elastisch,** wenn $e(x_0) < -1$
- **unelastisch,** wenn $-1 < e(x_0) < 0$

Preiselastizität des Angebots:

$$e_A(x) = \frac{p_A(x)}{x} \cdot \frac{1}{p_A'(x)}$$

$$e_A(x) = \frac{p_A(x)}{x \cdot p_A'(x)}$$

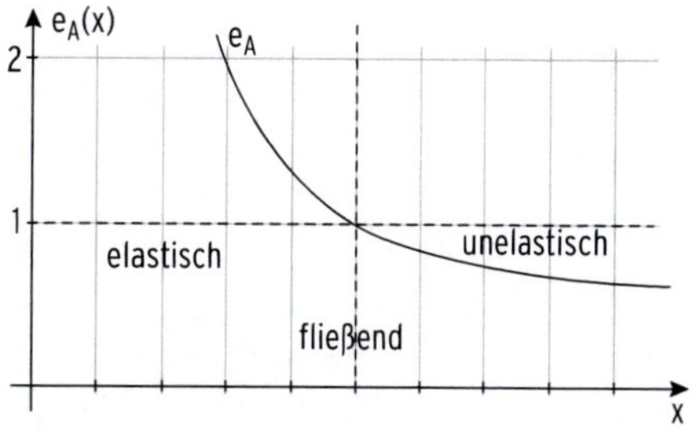

Das Angebot p_A heißt in x_0

- **fließend,** wenn $e(x_0) = 1$.
- **elastisch,** wenn $e(x_0) > 1$
- **unelastisch,** wenn $0 < e(x_0) < 1$

Produktlebenszyklus

Produktlebenszyklus:

- **Absatzfunktion** a
  Absatz a (t)
  in Mengeneinheiten pro Zeiteinheit (ME/ZE)

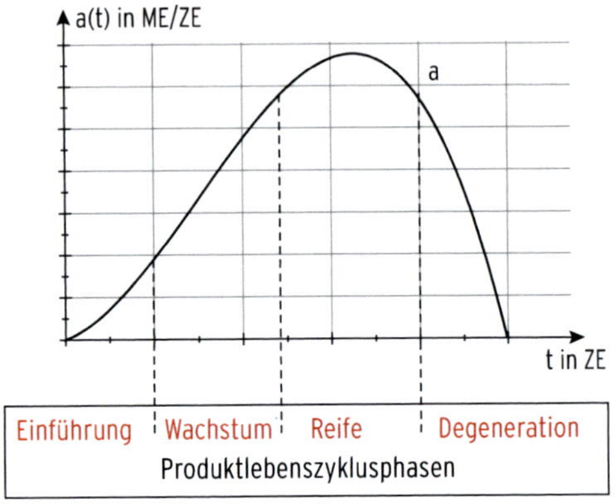

Kumulierter Gesamtabsatz

in einem Zeitraum $[t_1; t_2]$: $\int_{t_1}^{t_2} a(t)dt$

Kumulierter Gesamtabsatz

in einem Zeitraum $0 \leq t \leq t_1$:

$A(t_1) = \int_0^{t_1} a(t)dt$

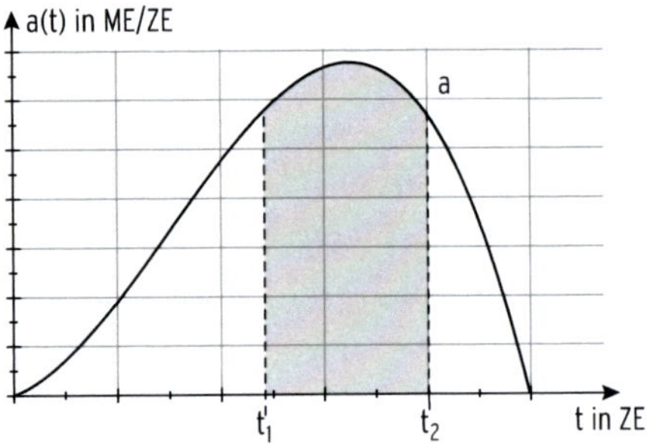

- **Umsatzfunktion** u
  Umsatz u (t)
  in Geldeinheiten pro Zeiteinheit (GE/ZE)

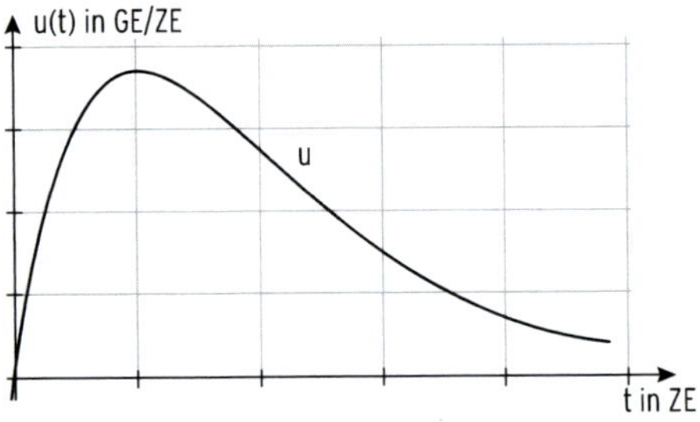

Kumulierter Gesamtumsatz

in einem Zeitraum $[t_1; t_2]$: $\int_{t_1}^{t_2} u(t)dt$

Kumulierter Gesamtumsatz

in einem Zeitraum $0 \leq t \leq t_1$:

$U(t_1) = \int_0^{t_1} u(t)dt$

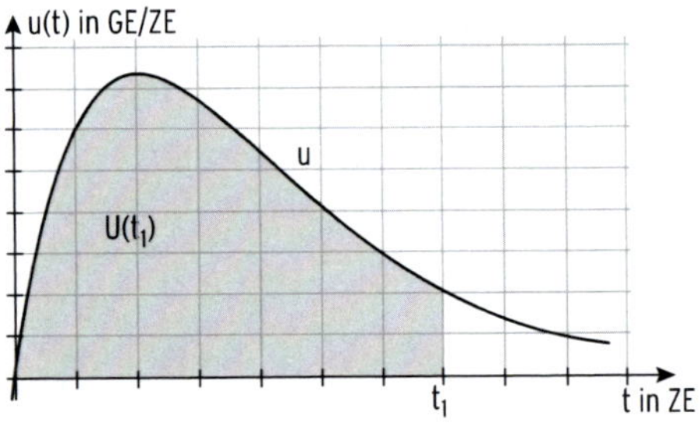

Beschreibende Statistik

Häufigkeit

Anzahl der Durchführungen eines Zufallsexperiments: n

absolute Häufigkeit für das Ereignis A: H

relative Häufigkeit h: $h(A) = \frac{H}{n}$; $0 \leq h(A) \leq 1$

Lagemaße und Streuungsmaße für Beobachtungswerte x_i

i-ter Beobachtungswert: x_i

Anzahl der Merkmalsträger: n

Arithmetisches Mittel: $\bar{x} = \frac{\text{Summe aller Beobachtungswerte } x_i}{\text{Anzahl n der Beobachtungswerte } x_i}$

Mittelwert: $\bar{x} = \frac{x_1 + x_2 + \ldots + x_n}{n}$

Median (Zentralwert): für n ungerade: $x_{Med} = x_{\frac{n+1}{2}}$

für n gerade: $x_{Med} = \frac{1}{2}(x_{\frac{n}{2}} + x_{\frac{n}{2}+1})$

Modalwert: Häufigster Wert einer Datenreihe

Varianz: $\sigma^2 = \frac{1}{n}\sum_{i=1}^{n}(x_i - \bar{x})^2$

Standardabweichung: $\sigma = \sqrt{\text{Varianz}} = \sqrt{\sigma^2}$ (auch $s = \sqrt{s^2}$)

Lagemaß und Streuungsmaße für die Zufallsvariable X

Die Zufallsgröße X nimmt die Werte $x_1, x_2, x_3, \ldots, x_m$ mit den relativen Häufigkeiten $h(x_1), h(x_2), h(x_3), \ldots, h(x_m)$ an.

Mittelwert $\bar{x}$**:** (auch μ) $\bar{x} = x_1 \cdot h(x_1) + x_2 \cdot h(x_2) + x_3 \cdot h(x_3) + \ldots + x_m \cdot h(x_m)$

Varianz: $\sigma^2 = (x_1 - \bar{x})^2 \cdot h(x_1) + (x_2 - \bar{x})^2 \cdot h(x_2) + \ldots + (x_m - \bar{x})^2 \cdot h(x_m)$

Standardabweichung: $\sigma = \sqrt{\text{Varianz}} = \sqrt{\sigma^2}$ (auch $s = \sqrt{s^2}$)

Wahrscheinlichkeit

Definition: Ein Zufallsexperiment besitzt die **Ergebnismenge** $S = \{e_1, e_2, e_3, \ldots, e_i\}$.
Eine Funktion P, die jedem Ereignis E eine reelle Zahl P(E) zuordnet, heißt **Wahrscheinlichkeitsverteilung,** wenn gilt:

(1)	$P(E) \geq 0$	Nichtnegativität
(2)	$P(S) = 1$	Normiertheit
(3)	$P(A \cup B) = P(A) + P(B)$, falls $A, B \subseteq S$ und $A \cap B = \emptyset$	Additivität

P(E) heißt **Wahrscheinlichkeit** von E.

Ereignis E: Teilmenge der Ergebnismenge

$E = \{e_1, e_2, \ldots, e_k\} \subseteq S$: $P(E) = P(e_1) + P(e_2) + \ldots + P(e_k)$

Unmögliches Ereignis $\emptyset$**:** $P(\emptyset) = 0$

Gegenwahrscheinlichkeit: $P(\overline{A}) = 1 - P(A)$

$\overline{A}$ ist das **Gegenereignis** von A

Laplace-Wahrscheinlichkeit: $P(A) = \frac{\text{Anzahl der für A günstigen Ergebnisse}}{\text{Anzahl der möglichen Ergebnisse}} = \frac{g}{m}$

(Wahrscheinlichkeit bei Gleichverteilung)

Additionssatz: $P(A \cup B) = P(A) + P(B) - P(A \cap B)$

Allgemeiner Multiplikationssatz: $P(A \cap B) = P(A) \cdot P_A(B)$

Bedingte Wahrscheinlichkeit: $P_A(B) = \frac{P(A \cap B)}{P(A)}$; $P(A) \neq 0$

Unabhängige Ereignisse A und B: $P(A \cap B) = P(A) \cdot P(B)$
(Spezieller Multiplikationssatz)

Satz von Bayes: $P_A(B) = \frac{P_B(A) \cdot P(B)}{P(A)}$; $P(A) \neq 0$; $P(B) \neq 0$

$$P_B(A) = \frac{P(A) \cdot P_A(B)}{P(A) \cdot P_A(B) + P(\overline{A}) \cdot P_{\overline{A}}(B)}$$

Mehrstufige Zufallsexperimente

Baumdiagramm

mit den zugehörigen Wahrscheinlichkeiten:

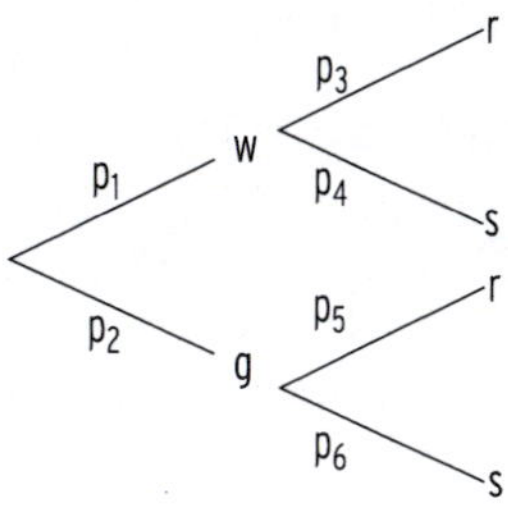

$P(wr) = p_1 \cdot p_3$

$P(ws) = p_1 \cdot p_4$

$P(gr) = p_2 \cdot p_5$

$P(gs) = p_2 \cdot p_6$

Pfadregeln:

Pfadmultiplikationsregel

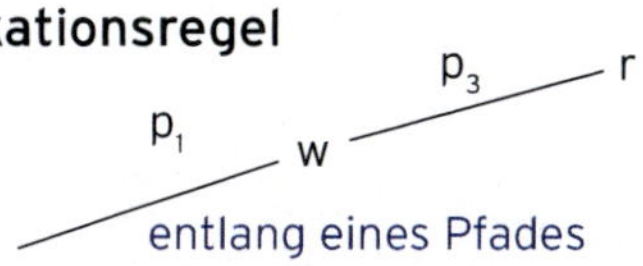

$P(w \wedge r) = p_1 \cdot p_3$

und Wahrscheinlichkeiten multiplizieren

Pfadadditionsregel

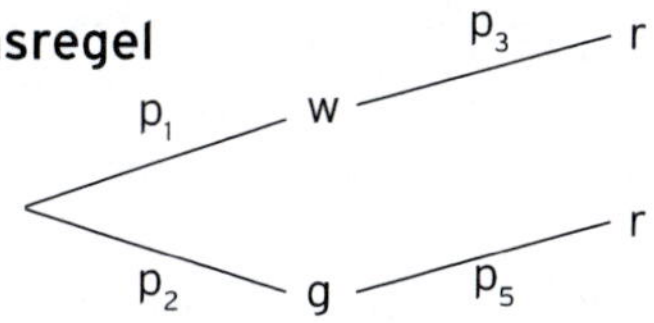

entlang mehrerer Pfade

$P(wr \vee gr) = p_1 \cdot p_3 + p_2 \cdot p_5$

oder Wahrscheinlichkeiten addieren

Vierfeldertafel für Wahrscheinlichkeiten

Zwei Merkmale mit jeweils zwei Ausprägungen

	B	$\overline{B}$	Summe
A	$P(A \cap B)$	$P(A \cap \overline{B})$	$P(A)$
$\overline{A}$	$P(\overline{A} \cap B)$	$P(\overline{A} \cap \overline{B})$	$P(\overline{A})$
Summe	$P(B)$	$P(\overline{B})$	1

zugehöriges Baumdiagramm

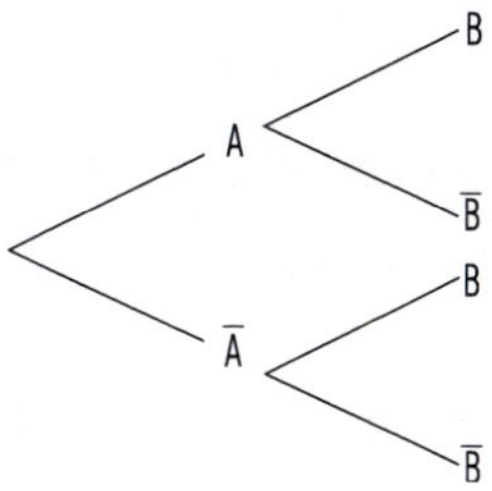

Kombinatorik

Fakultät: $n! = 1 \cdot 2 \cdot ... \cdot n$

Festlegung: $0! = 1$

$(k + 1)! = k! \cdot (k + 1)$

Binomialkoeffizient: $\binom{n}{k} = \frac{n \cdot (n-1) \cdot (n-2) \cdot ... \cdot (n-k+1)}{1 \cdot 2 \cdot ... \cdot k} = \frac{n!}{k!(n-k)!}$

Anzahl der Stichproben bei k Ziehungen aus einer Urne mit n verschiedenen Kugeln:

	mit Zurücklegen	**ohne** Zurücklegen
geordnete Stichprobe (mit Beachtung der Reihenfolge) Anzahl der Variationen aus k Elementen	n^k	$\frac{n!}{(n-k)!} = n \cdot (n-1) \cdot (n-2) \cdot ... \cdot (n-k+1)$
ungeordnete Stichprobe (ohne Beachtung der Reihenfolge) Anzahl der Kombinationen aus k Elementen	$\binom{n+k-1}{k}$	$\binom{n}{k}$

Zufallsvariable

Zufallsvariable: $X: e_i \rightarrow X(e_i) = x_i$

Wahrscheinlichkeitsverteilung:

Darstellung in Tabellenform:

x_i	x_1	x_2	...
$P(X = x_i)$	$P(X = x_1)$	$P(X = x_2)$	...

Erwartungswert: $E(X) = x_1 \cdot P(X = x_1) + x_2 \cdot P(X = x_2) + ... + x_n \cdot P(X = x_n)$

Varianz: $\sigma^2 = (x_1 - (E(X))^2 \cdot P(X = x_1) + ... + (x_n - (E(X))^2 \cdot P(X = x_n)$

Standardabweichung: $\sigma = \sqrt{\sigma^2}$

Binomialverteilung

Bernoulli-Experiment: Zufallsexperiment mit genau zwei Ergebnissen,

Wahrscheinlichkeit für Treffer: p

für Nichttreffer: $1 - p$

Bernoullikette der Länge n: Zufallsexperiment aus n unabhängigen Durchführungen eines Bernoulli-Experiments

Die Zufallsvariable X ist **binomialverteilt. X ist $B_{n;\,p}$-verteilt.**

Einzelwahrscheinlichkeit

für k Treffer: $P(X = k) = \binom{n}{k} \cdot p^k \cdot (1 - p)^{n-k} = B_{n;p}(k)$

Bernoulli-Formel

Kumulierte Wahrscheinlichkeit

für höchstens k Treffer: $P(X \leq k) = \sum_{i=0}^{k} B_{n;p}(i) = F_{n;\,p}(k)$

X ist eine binomialverteilte Zufallsgröße.

Erwartungswert: $E(X) = n \cdot p$

$\mu = n \cdot p$

Varianz: $\sigma^2 = n \cdot p \cdot (1 - p)$

Standardabweichung: $\sigma = \sqrt{n \cdot p \cdot (1 - p)}$

Sigmaregeln

X ist $B_{n;\,p}$-verteilt mit $\mu = n \cdot p$
und $\sigma = \sqrt{n \cdot p \cdot (1 - p)}$

Sigma-Regeln

$P(\mu - \sigma \leq X \leq \mu + \sigma) \approx 68{,}3\,\%$

$P(\mu - 2\sigma \leq X \leq \mu + 2\sigma) \approx 95{,}5\,\%$

$P(\mu - 3\sigma \leq X \leq \mu + 3\sigma) \approx 99{,}7\,\%$

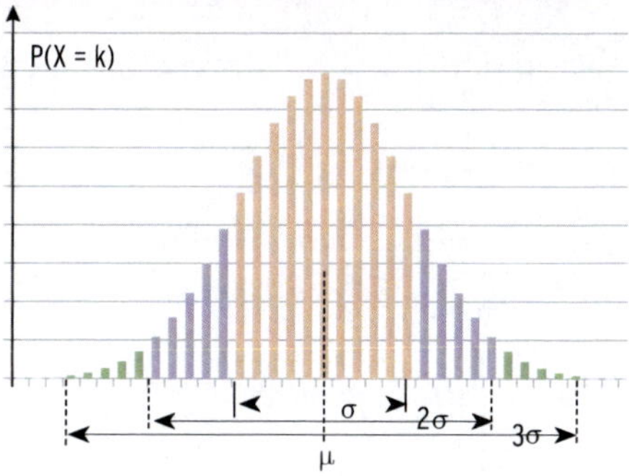

Normalverteilung

Dichtefunktion φ mit

$$\varphi(x) = \frac{1}{\sigma}\,\frac{1}{\sqrt{2\pi}}\,e^{-\frac{1}{2}\left(\frac{x-\mu}{\sigma}\right)^2};\ x \in \mathbb{R}$$

Die Dichtefunktion beschreibt die Wahrscheinlichkeitsverteilung einer **stetig** verteilten Zufallsvariablen (Normalverteilung).

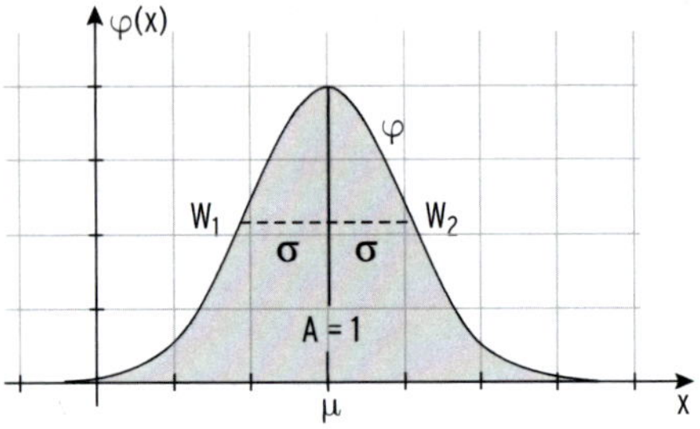

$$P(X \le b) = \int_{-\infty}^{b} \varphi(x)dx$$

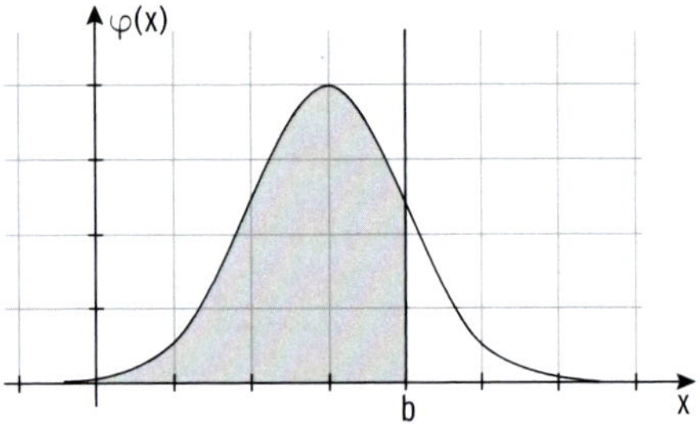

$$P(a \le X \le b) = \int_{a}^{b} \varphi(x)dx$$

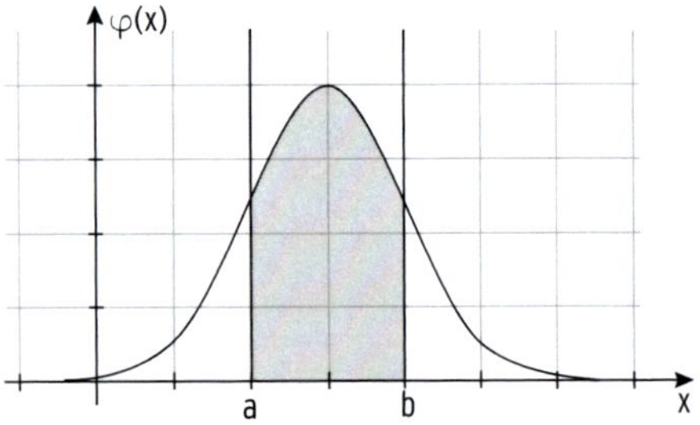

Näherung der Binomialverteilung durch die Normalverteilung

Laplace-Bedingung $\sigma = \sqrt{n \cdot p \cdot (1 - p)} > 3$

Näherungsformel von Moivre-Laplace

- Mit der **Dichtefunktion** φ: $P(x_1 \le X \le x_2) = \int_{x_1}^{x_2} \varphi(x)dx$

  mit Stetigkeitskorrektur 0,5: $P(x_1 \le X \le x_2) = \int_{x_1 - 0,5}^{x_2 + 0,5} \varphi(x)dx$

- Mit der **Summenfunktion** Φ: $P(x_1 \le X \le x_2) = \Phi(\frac{x_2 - \mu}{\sigma}) - \Phi(\frac{x_1 - \mu}{\sigma})$

  mit Stetigkeitskorrektur 0,5: $P(x_1 \le X \le x_2) = \Phi(\frac{x_2 + 0,5 - \mu}{\sigma}) - \Phi(\frac{x_1 - 0,5 - \mu}{\sigma})$

Konfidenzintervall für die unbekannte Wahrscheinlichkeit p

Stichprobenumfang: n

relative Häufigkeit: h

Sicherheitswahrscheinlichkeit: γ

Vertrauenszahl zur Sicherheitswahrscheinlichkeit γ: c

unbekannte Wahrscheinlichkeit: p

Konfidenzintervall (Vertrauensintervall) $[p_1; p_2]$

Lösung der Ungleichung für die Variable p: $(h - p)^2 \leq c^2 \cdot \frac{p(1-p)}{n}$

- Exakt: $VI = \left[p - c\sqrt{\frac{p(1-p)}{n}}; p + c\sqrt{\frac{p(1-p)}{n}}\right]$

- Näherung mit $h \in [h_u; h_o]$: $VI = \left[h - c\sqrt{\frac{h(1-h)}{n}}; h + c\sqrt{\frac{h(1-h)}{n}}\right]$

Bedingungen für die Anwendung der **Näherungsformel**
- $n \geq 1000$
- $0{,}3 \leq h \leq 0{,}7$

Umgebungen des Erwartungswertes bei Binomialverteilungen und die zugehörigen Wahrscheinlichkeiten						
Vertrauenszahl c	1	1,64	1,96	2	2,58	3
Radius der Umgebung	$1 \cdot \sigma$	$1{,}64 \cdot \sigma$	$1{,}96 \cdot \sigma$	$2 \cdot \sigma$	$2{,}58 \cdot \sigma$	$3 \cdot \sigma$
Sicherheitswahrscheinlichkeit γ	68 %	90 %	95 %	95,5 %	99 %	99,7 %

Mindestzahl n des Stichprobenumfangs

Abschätzung: $n \geq \frac{c^2}{d^2}$

$n \geq \left(\frac{c}{2\varepsilon}\right)^2$

Länge des Vertrauensintervalls $[h - \varepsilon; h + \varepsilon]$: $d = 2\varepsilon$

Konfidenzintervall grafisch

- **Grafische Darstellung des Konfidenzintervalls (Konfidenzellipse)**

  n: Stichprobenumfang

  h: relative Trefferhäufigkeit

  c: Vertrauenszahl

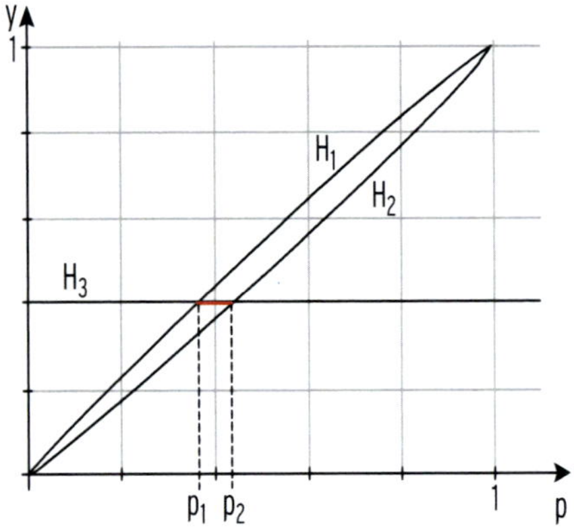

$H_1(p) = p + c\sqrt{\frac{p(1-p)}{n}}$

$H_2(p) = p - c\sqrt{\frac{p(1-p)}{n}}$

$H_3(p) = h$

Konfidenzintervall VI $=[p_1; p_2]$

- **Grafische Darstellung des Konfidenzintervalls (Konfidenzparabel)**

  Wahrscheinlichkeitsfunktion f mit $f(p) = n \cdot (h - p)^2 - c^2 \cdot p(1 - p)$

  n: Stichprobenumfang

  h: relative Trefferhäufigkeit

  c: Vertrauenszahl

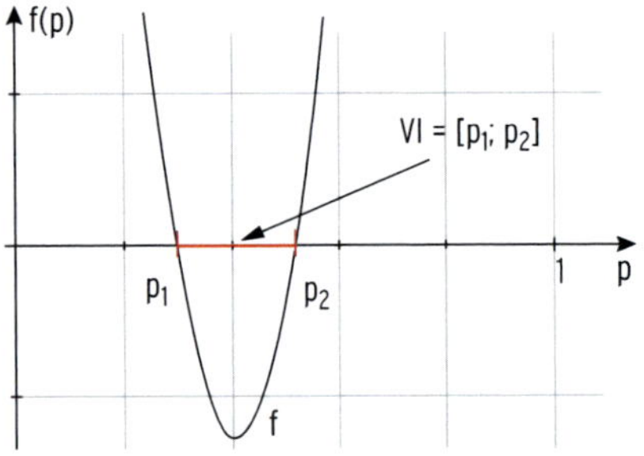

Konfidenzintervall VI $=[p_1; p_2]$

Rechnen mit Matrizen

Matrix: Zahlenschema mit m Zeilen und n Spalten

$$A = A_{m,n} = (a_{ij})_{m,n} = \begin{pmatrix} a_{11} & a_{12} & \dots & a_{1n} \\ a_{21} & a_{21} & \dots & a_{2n} \\ \dots & \dots & \dots & \dots \\ a_{m1} & a_{m2} & \dots & a_{mn} \end{pmatrix}$$

Einheitsmatrix $E = \begin{pmatrix} 1 & 0 & \dots & 0 \\ 0 & 1 & \dots & 0 \\ \dots & \dots & \dots & \dots \\ 0 & 0 & \dots & 1 \end{pmatrix}$ $E \cdot A = A \cdot E = A$

(quadratische Matrix mit $e_{ii} = 1$ und $e_{ij} = 0$ für $i \neq j$)

Spaltenvektor: $\vec{x} = \begin{pmatrix} x_1 \\ x_2 \\ x_3 \end{pmatrix}$

Zeilenvektor = transponierter Spaltenvektor: $\vec{x}^T = (x_1 \quad x_2 \quad x_3)$

Addition

Addition von Vektoren: $\vec{a} + \vec{b} = \begin{pmatrix} a_1 \\ a_2 \\ a_3 \end{pmatrix} + \begin{pmatrix} b_1 \\ b_2 \\ b_3 \end{pmatrix} = \begin{pmatrix} a_1 + b_1 \\ a_2 + b_2 \\ a_3 + b_3 \end{pmatrix}$

Addition von Matrizen: $A + B = (a_{ij}) + (b_{ij}) = (a_{ij} + b_{ij})$

Multiplikation

Skalare Multiplikation: $r \cdot \vec{a} = r \cdot \begin{pmatrix} a_1 \\ a_2 \\ a_3 \end{pmatrix} = \begin{pmatrix} r \cdot a_1 \\ r \cdot a_2 \\ r \cdot a_3 \end{pmatrix}$; $r \in \mathbb{R}$ heißt **Skalar.**

$$r \cdot A = r \cdot (a_{ij}) = (r \cdot a_{ij})$$

Multiplikation von Zeilenvektoren

mit Spaltenvektoren: $\vec{a} \cdot \vec{b} = (a_{11} \quad a_{12} \dots a_{1n}) \begin{pmatrix} b_{11} \\ b_{21} \\ \dots \\ b_{n1} \end{pmatrix}$

$$= a_{11}\, b_{11} + a_{12}\, b_{21} \dots a_{1n}\, b_{n1}$$

Multiplikation von Matrizen

Matrix $A = (a_{ij})$; Matrix $B = (b_{rs})$

	B
A	A · B

$$\begin{pmatrix} b_{11} & b_{12} & \dots & b_{1l} & \dots & b_{1p} \\ b_{21} & b_{22} & \dots & b_{2l} & \dots & b_{2p} \\ \vdots & \vdots & & \vdots & & \\ b_{n1} & b_{n2} & \dots & b_{nl} & \dots & b_{np} \end{pmatrix} = B$$

$$A = \begin{pmatrix} a_{11} & a_{12} & \dots & a_{1n} \\ a_{21} & a_{22} & \dots & a_{2n} \\ \vdots & \vdots & & \vdots \\ a_{k1} & a_{k2} & \dots & a_{kn} \\ \vdots & \vdots & & \vdots \\ a_{m1} & a_{m2} & \dots & a_{mn} \end{pmatrix} \qquad \begin{pmatrix} c_{11} & c_{12} & \dots & c_{1l} & \dots & c_{1p} \\ c_{21} & c_{22} & \dots & c_{2l} & \dots & c_{2p} \\ \vdots & \vdots & & \boxed{c_{kl}} & & \vdots \\ c_{m1} & c_{m2} & \dots & c_{ml} & \dots & c_{mp} \end{pmatrix} = A \cdot B$$

Berechnung des Elementes c_{kl}: $c_{kl} = a_{kl} \cdot b_{1l} + a_{k2} \cdot b_{2l} + \dots + a_{kn} \cdot b_{nl} = \sum_{j=1}^{n} a_{kj} \cdot b_{jl}$

$$A_{(m,\,n)} \cdot B_{(n,\,p)} = C_{(m,\,p)}$$

Regeln für die Multipliktion von Matrizen

$A \cdot B \cdot C = A \cdot (B \cdot C) = A \cdot B \cdot C$

$(A + B) \cdot C = A \cdot C + B \cdot C$

$A \cdot (B + C) = A \cdot B + A \cdot C$

$A \cdot B \neq B \cdot A$

$A \cdot E = E \cdot A = A$

$A \cdot A = A^2$ (A ist eine quadratische Matrix)

$$A^n = \underbrace{A \cdot A \cdot A \cdot \dots \cdot A}_{n \text{ Faktoren}}$$

Inverse Matrix

Quadratische Matrix: A

Inverse Matrix von A: A^{-1}

Eigenschaft: $A \cdot A^{-1} = A^{-1} \cdot A = E$

Produktionsprozess

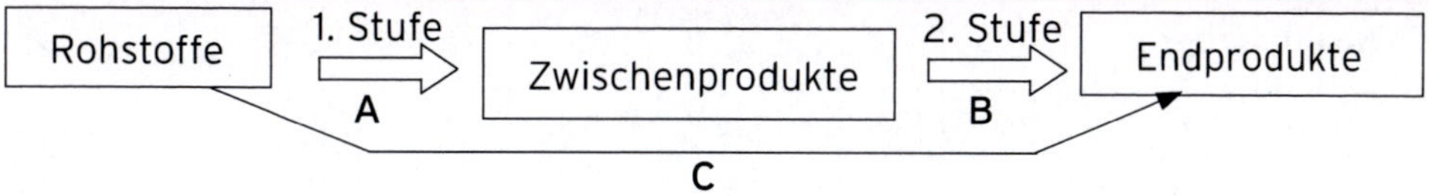

Verflechtungsmatrizen

$A = A_{R;\,Z}$ Rohstoff-Zwischenprodukt-Matrix

$B = B_{Z;\,E}$ Zwischenprodukt-Endprodukt-Matrix

$C = C_{R;\,E}$ Rohstoff-Endprodukt-Matrix

$$C = A \cdot B$$

Verbrauchs-, Produktionsvektoren

$\vec{r}$ für die Rohstoffe

$\vec{z}$ für die Zwischenprodukte

$\vec{x}$ für die Endprodukte

$$A \cdot \vec{z} = \vec{r}$$
$$B \cdot \vec{x} = \vec{z}$$
$$C \cdot \vec{x} = \vec{r}$$

Kostenvektoren (variable Kosten je ME) sind Zeilenvektoren.

$\vec{k}_R^{\,T}$ Materialkosten

$\vec{k}_Z^{\,T}$ Fertigungskosten in Stufe 1

$\vec{k}_E^{\,T}$ Fertigungskosten in Stufe 2

Variable Herstellkosten je ME der Endprodukte:

$$\vec{k}_v^{\,T} = \vec{k}_R^{\,T} \cdot C + \vec{k}_Z^{\,T} \cdot B + \vec{k}_E^{\,T}$$

Kosten für die Produktion $\vec{x}$

K_R für die Rohstoffe

K_Z für die Fertigung der Zwischenprodukte

K_E für die Fertigung der Endprodukte

K_f zusätzliche fixe Kosten

$$K_R = \vec{k}_R^{\,T} \cdot \vec{r}$$
$$K_Z = \vec{k}_Z^{\,T} \cdot \vec{z}$$
$$K_E = \vec{k}_E^{\,T} \cdot \vec{x}$$

Gesamtkosten K: $K = K_R + K_Z + K_E + K_f$ oder $K = \vec{k}_v^{\,T} \cdot \vec{x} + K_f$

Erlös E: $E = \vec{p}^{\,T} \cdot \vec{x}$ mit Preisvektor $\vec{p}^{\,T}$

Verflechtungstabellen

	Z_1	Z_2	Z_3
R_1			
R_2			
R_3			

	E_1	E_2
Z_1		
Z_2		
Z_3		

Verflechtungsdiagramm

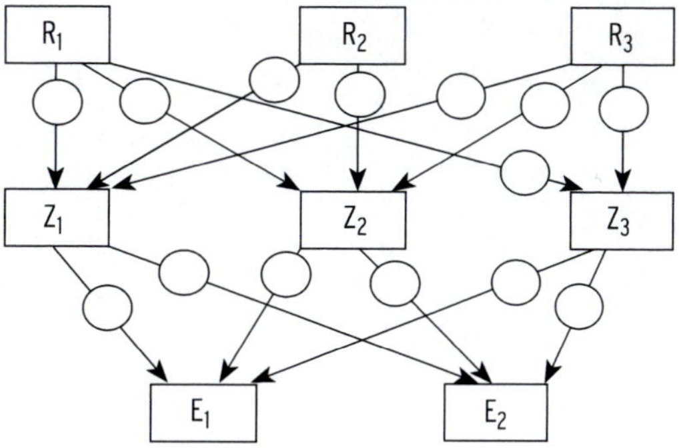

Leontief-Modell

Input-Output-Tabelle

	S_1	S_2	S_3	Marktabgabe	Produktion
S_1	x_{11}	x_{12}	x_{13}	y_1	x_1
S_2	x_{21}	x_{22}	x_{23}	y_2	x_2
S_3	x_{31}	x_{32}	x_{33}	y_3	x_3

Dabei ist x_{ij} die Lieferung des Sektors S_i an den Sektor S_j (in geeigneten Einheiten).

$\vec{x} = \begin{pmatrix} x_1 \\ x_2 \\ x_3 \end{pmatrix}$ **Produktion,** auch Bruttooutput, ...

$\vec{y} = \begin{pmatrix} y_1 \\ y_2 \\ y_3 \end{pmatrix}$ **Marktabgabe,** auch Konsum, Endverbrauch, ...

Inputmatrix oder Technologiematrix A: $A = \begin{pmatrix} \frac{x_{11}}{x_1} & \frac{x_{12}}{x_2} & \frac{x_{13}}{x_3} \\ \frac{x_{21}}{x_1} & \frac{x_{22}}{x_2} & \frac{x_{23}}{x_3} \\ \frac{x_{31}}{x_1} & \frac{x_{32}}{x_2} & \frac{x_{33}}{x_3} \end{pmatrix}$

Innerbetrieblicher Absatz: $A \cdot \vec{x}$

Zusammenhang:

$A \cdot \vec{x} + \vec{y} = \vec{x}$

$\vec{y} = (E - A) \cdot \vec{x}$

$\vec{x} = (E - A)^{-1} \vec{y}$

$(E - A)^{-1}$ **Leontief-Inverse**

Gozintograph

(Verflechtungsdiagramm)

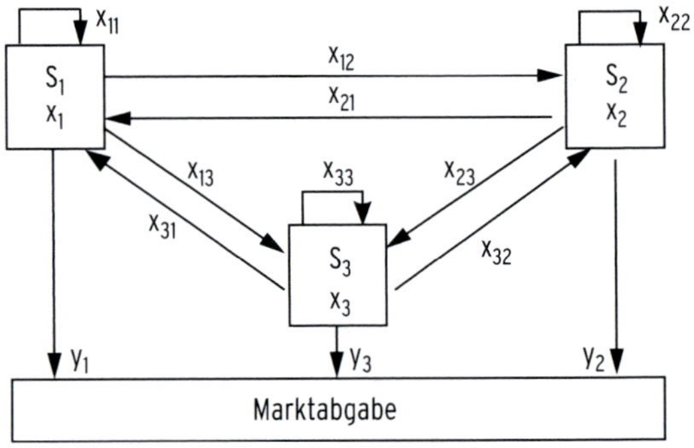

Käufer- und Wahlverhalten

Übergangstabelle

von \ zu	X_1	X_2	X_3
X_1	a_{11}	a_{12}	a_{13}
X_2	a_{21}	a_{22}	a_{23}
X_3	a_{31}	a_{32}	a_{33}

Übergangsgraph

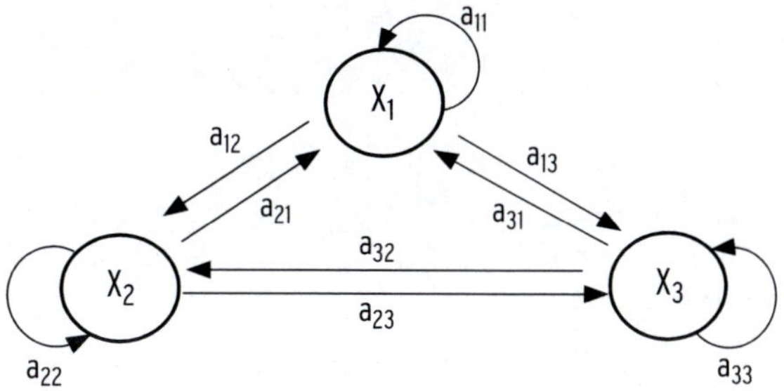

a_{12}: Übergang von Zustand X_1 nach Zustand X_2

Übergangsmatrix

$$A = \begin{pmatrix} a_{11} & a_{12} & a_{13} \\ a_{21} & a_{22} & a_{23} \\ a_{31} & a_{32} & a_{33} \end{pmatrix}$$

Anfangsverteilung $\vec{x}_0^{\,T}$

Der Verteilungsvektor $\vec{x}^{\,T}$ **(Zustandsvektor $\vec{x}^{\,T}$) ist ein Zeilenvektor.**

Aus Zustand $\vec{x}_n^{\,T}$ wird Zustand $\vec{x}_{n+1}^{\,T}$: $\vec{x}_n^{\,T} \cdot A = \vec{x}_{n+1}^{\,T}$

Zustand nach n Abschnitten $\vec{x}_0^{\,T} \cdot A = \vec{x}_1^{\,T}$; $\vec{x}_1^{\,T} \cdot A = \vec{x}_2^{\,T}$; $\vec{x}_2^{\,T} \cdot A = \vec{x}_3^{\,T}$; ...

(z. B. Jahren) $\vec{x}_0^{\,T} \cdot A^n = \vec{x}_n$

Stationärer Zustand $\vec{x}^{\,T}$: $\vec{x}^{\,T} \cdot A = \vec{x}^{\,T}$

Stochastische Matrix: Matrix mit nicht negativen Elementen und jeweils **Zeilensumme 1**

Grenzmatrix G:

$$G = \begin{pmatrix} g_1 & g_2 & g_3 \\ g_1 & g_2 & g_3 \\ g_1 & g_2 & g_3 \end{pmatrix}$$

Für $n \to \infty$: $A^n \to G$

Stationäre Verteilung: $\vec{g}^{\,T} = (g_1 \quad g_2 \quad g_3)$

mit $g_1 + g_2 + g_3 = 1$

Für eine beliebige Verteilung $\vec{x}^{\,T}$: $\vec{x}^{\,T} \cdot G = \vec{g}^{\,T}$

Vektorgeometrie

Vektoren im Anschauungsraum

Für $\vec{a} = \begin{pmatrix} a_1 \\ a_2 \\ a_3 \end{pmatrix}$ und $\vec{b} = \begin{pmatrix} b_1 \\ b_2 \\ b_3 \end{pmatrix}$ (**Ortsvektoren** der Punkte A: $\vec{a} = \overrightarrow{OA}$ und B: $\vec{b} = \overrightarrow{OB}$) gilt:

Skalare Multiplikation: $r \cdot \vec{a} = \begin{pmatrix} r \cdot a_1 \\ r \cdot a_2 \\ r \cdot a_3 \end{pmatrix}; r \in \mathbb{R}$

Kollinearität:

$r \cdot \vec{a}$ und $\vec{a}$ sind **kollinear** (**parallel**).

$\vec{a}$ und $\vec{b}$ sind **kollinear**, wenn es ein $r \neq 0$ gibt, sodass $\vec{b} = r \cdot \vec{a}$ gilt.

Addition bzw.
Subtraktion von Vektoren: $\vec{a} \pm \vec{b} = \begin{pmatrix} a_1 \\ a_2 \\ a_3 \end{pmatrix} \pm \begin{pmatrix} b_1 \\ b_2 \\ b_3 \end{pmatrix} = \begin{pmatrix} a_1 \pm b_1 \\ a_2 \pm b_2 \\ a_3 \pm b_3 \end{pmatrix}$

Linearkombination: $\vec{x} = r \cdot \vec{a} + s \cdot \vec{b}$

Betrag des Vektors $\vec{a}$: $|\vec{a}| = \left|\begin{pmatrix} a_1 \\ a_2 \\ a_3 \end{pmatrix}\right| = \sqrt{a_1^2 + a_2^2 + a_3^2}$

Betrag des Vektors $\overrightarrow{AB}$: $|\overrightarrow{AB}| = \left|\begin{pmatrix} b_1 - a_1 \\ b_2 - a_2 \\ b_3 - a_3 \end{pmatrix}\right| = \sqrt{(b_1 - a_1)^2 + (b_2 - a_2)^2 + (b_3 - a_3)^2}$

$|\overrightarrow{AB}|$ ist der **Abstand** der Punkte A und B.

Mittelpunkt M der Strecke AB: $\overrightarrow{OM} = \frac{1}{2}(\overrightarrow{OA} + \overrightarrow{OB})$
$= \overrightarrow{OA} + \frac{1}{2}\overrightarrow{AB}$

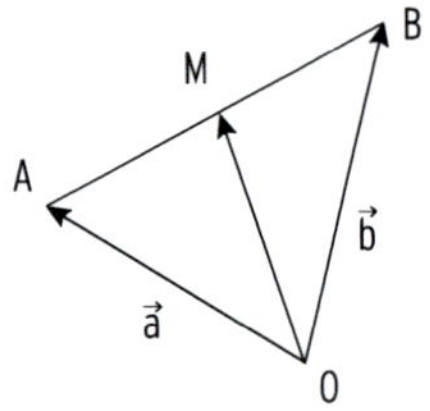

Skalarprodukt: $\vec{a} \cdot \vec{b}$

Geometrische Form: $\vec{a} \cdot \vec{b} = |\vec{a}| \cdot |\vec{b}| \cdot \cos(\alpha)$

Koordinatenform: $\vec{a} \cdot \vec{b} = a_1 b_1 + a_2 b_2 + a_3 b_3$

Zwei Vektoren $\vec{a}$ und $\vec{b}$ stehen **senkrecht aufeinander**, wenn $\vec{a} \cdot \vec{b} = 0$
($\vec{a}$ und $\vec{b}$ sind zueinander orthogonal: $\vec{a} \perp \vec{b}$).

Winkel zwischen den Vektoren $\vec{a}$ und $\vec{b}$: $\cos(\alpha) = \frac{\vec{a} \cdot \vec{b}}{|\vec{a}| \cdot |\vec{b}|}$

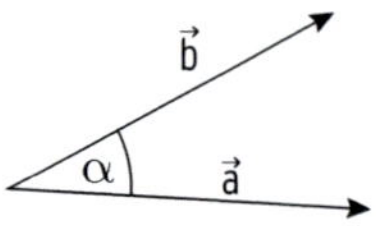

Bildliche Darstellungen

Koordinatenebenen:

x_1x_2-Ebene: $x_3 = 0$

x_1x_3-Ebene: $x_2 = 0$

x_2x_3-Ebene: $x_1 = 0$

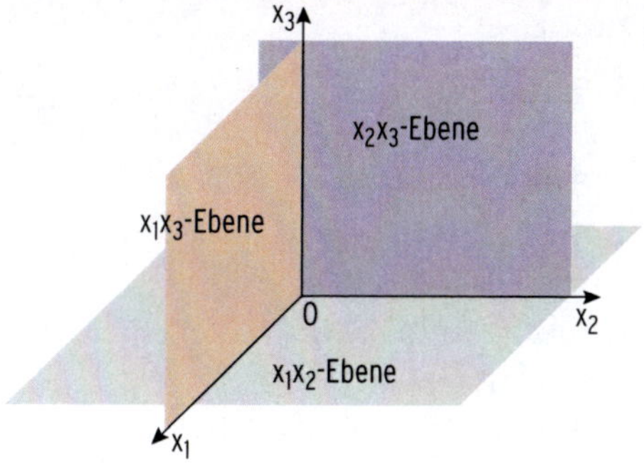

Punkte im Raum

Punkt A(a | b | c)

zugehöriger Ortsvektor $\overrightarrow{OA} = \begin{pmatrix} a \\ b \\ c \end{pmatrix}$

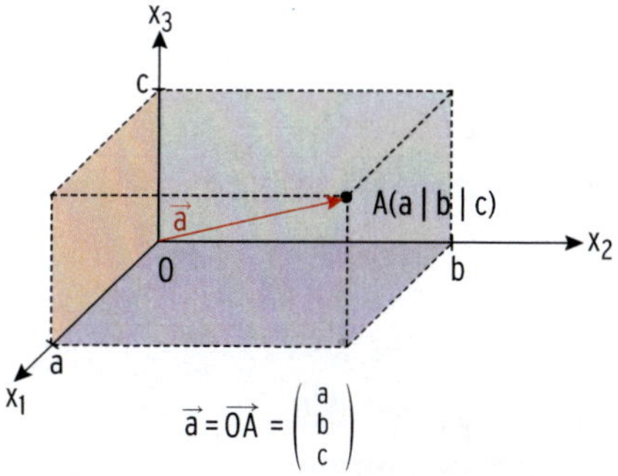

Flächeninhalte und Volumina

Flächeninhalt des **Parallelogramms**

$A = |\vec{a}| \cdot |\vec{b}| \cdot \sin(\alpha)$

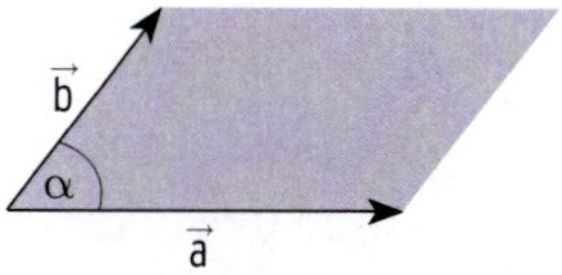

Flächeninhalt des **Dreiecks**

$A = \frac{1}{2} \cdot |\vec{a}| \cdot |\vec{b}| \cdot \sin(\alpha)$

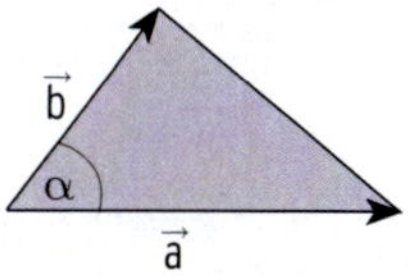

Volumen einer Pyramide

Grundfläche ist ein Parallelogramm

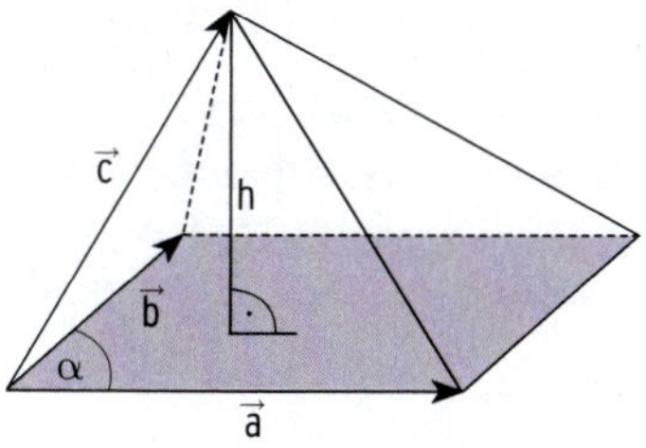

$V = \frac{1}{3} \cdot G \cdot h = \frac{1}{3} \cdot |\vec{a}| \cdot |\vec{b}| \cdot \sin(\alpha) \cdot h$

Grundfläche ist ein Dreieck

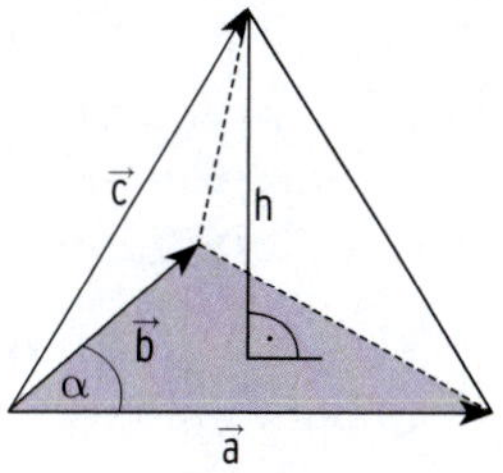

$V = \frac{1}{3} \cdot G \cdot h = \frac{1}{3} \cdot \frac{1}{2} \cdot |\vec{a}| \cdot |\vec{b}| \cdot \sin(\alpha) \cdot h$

$V = \frac{1}{6} \cdot |\vec{a}| \cdot |\vec{b}| \cdot \sin(\alpha) \cdot h$

Mathematische Zeichen

Vergleiche

$a = b$ a ist gleich b
$a \neq b$ a ist ungleich b
$a < b$ a ist kleiner als b
$a \leq b$ a ist kleiner oder gleich b
$a > b$ a ist größer als b
$a \geq b$ a ist größer oder gleich b
$a \approx b$ a ist ungefähr gleich b
$a \triangleq b$ entspricht, z. B. 1 LE $\triangleq$ 1 c

Logische Zeichen

$a \wedge b$ a und b
$a \vee b$ a oder b
$a \Leftrightarrow b$ a gleichwertig (äquivalent) b
$a \Rightarrow b$ aus a folgt b

Mengen und Zahlen

$\mathbb{N}$ Menge der natürlichen Zahlen mit Null
$\mathbb{N}^*$ Menge der natürlichen Zahlen ohne Null
$\mathbb{Z}$ Menge der ganzen Zahlen
$\mathbb{Q}$ Menge der rationalen Zahlen
$\mathbb{R}$ Menge der reellen Zahlen

$\mathbb{R}^* = \mathbb{R}\setminus\{0\}$ Menge der reellen Zahlen ohne Null; $x \in \mathbb{R} \wedge x \neq 0$

$\mathbb{R}_+ = \mathbb{R}_{\geq 0}$ Menge der positiven reellen Zahlen mit Null $x \in \mathbb{R} \wedge x \geq 0$

$\mathbb{R}_+^* = \mathbb{R}_{>0}$ Menge der positiven reellen Zahlen ohne Null $x \in \mathbb{R} \wedge x > 0$

$x \in M$ x ist Element von M
$x \notin M$ x ist nicht Element von M

$\{x \in M \mid ...\}$ Menge aller x aus M, für die gilt ...

$\{a, b, c, d\}$ Menge mit den Elementen a, b, c, d
$A \subseteq B$ A ist Teilmenge von B
$A \cap B$ Schnittmenge von A und B
$A \cup B$ Vereinigungsmenge von A und B
$A\setminus B$ Differenzmenge von A und B
$\emptyset$ Leere Menge
∞ unendlich

$[a; b] = \{x \in \mathbb{R} \mid a \leq x \leq b\}$

$[a; b) = \{x \in \mathbb{R} \mid a \leq x < b\}$

$[a; \infty) = \{x \in \mathbb{R} \mid a \leq x < \infty\}$

$|a|$ Betrag von a
a^n a hoch n; n-te Potenz von a
$\sqrt{a}$ Quadratwurzel aus a; $a \geq 0$
$\sqrt[3]{a}$ 3. Wurzel aus a; $a \geq 0$

Funktionen

f Funktion
$f(x)$ Funktionswert an der Stelle x
$D(f)$ Definitionsbereich von f
$W(f)$ Wertebereich von f

Geometrie

$P(x \mid y)$ Punkt P mit den Koordinaten x und y
(AB) Gerade durch A und B
AB Strecke mit den den Endpunkten A und B
$\overline{AB}$ Länge der Strecke AB
ABC Dreieck mit den Eckpunkten A, B und C
$g \parallel h$ g ist parallel zu **h**

Stichwortverzeichnis